4899

RECHERCHES

BIBLIOGRAPHIQUES

SUR LE TÉLÉMAQUE.

Se trouve A PARIS,

Chez { R. MERLIN, libraire, quai des Augustins, n° 7.
CROZET, libraire de la Bibliothèque royale,
quai Malaquais.

—

PRIX : 2 FR.

Paris, imprimerie d'Amédée Saintin, rue Saint-Jacques, 38.

RECHERCHES

BIBLIOGRAPHIQUES

SUR

LE TÉLÉMAQUE

LES

ORAISONS FUNÈBRES

DE BOSSUET

ET LE

DISCOURS SUR L'HISTOIRE UNIVERSELLE

PAR M. *** DIRECTEUR AU SÉMINAIRE DE SAINT-SULPICE.

—

SECONDE ÉDITION, REVUE.

LIBRAIRIE CLASSIQUE DE PERISSE FRÈRES.

PARIS,	LYON,
8, RUE DU POT-DE-FER-S.-SULPICE.	33, GRANDE RUE MERCIÈRE.

—

1840

AVERTISSEMENT.

On voit depuis vingt ans se multiplier dans tous les formats, depuis l'*in*-48 jusqu'à l'*in*-folio, les éditions des classiques françois. Celui qui veut se former une bibliothèque restreinte à un petit nombre de volumes, n'éprouve que l'embarras du choix ; et il est grand : car comment démêler les éditions fidèles et correctes, parmi la pompe des annonces, la jactance des prospectus, et les noms imposants d'éditeurs que l'on met en avant pour leurrer le public (1) ?

Au temps où l'imprimerie et la librairie étoient considérées non comme un pur commerce, mais comme des professions aussi honorables que distinguées, qui ne devoient l'une et l'autre être exercées que par des personnes dont la capacité auroit été c-

(1) On sait que des libraires tâchent d'obtenir d'un littérateur renommé une *Préface* ou une *Notice*, pour mettre en tête des éditions de nos auteurs classiques qu'ils publient, afin que le nom du littérateur, imprimé sur le frontispice en caractères saillants, donne lieu de croire qu'il a coopéré à leur édition.

connue dans un examen préalable, suivi d'un exercice
d'apprentissage de plusieurs années (1) ; on avoit du
moins l'assurance, que ceux qui exerçoient ces professions s'y étoient préparés par des études spéciales ;
et c'étoit-là une certaine garantie de la bonne exécution des livres qu'ils publioient.

Plusieurs libraires ou imprimeurs étoient assez
versés dans les sciences et dans la littérature, pour
diriger eux-mêmes les éditions qu'ils publioient ou
qu'ils étoient chargés d'exécuter. Si quelques-uns,
moins capables, se contentoient d'une impression
propre et nette, se confiant aux protes pour la
correction, d'autres s'entouroient des lumières
d'hommes habiles dans les sciences, de littérateurs
ou de professeurs distingués, à qui ils confioient le
soin de leurs éditions (2).

(1) « Aucun ne pourra être admis à faire apprentissage pour
parvenir à la maîtrise de librairie et imprimerie, s'il n'est con-
gru en langue latine, et s'il ne sait lire le grec ; dont il sera
tenu de rapporter le certificat du Recteur de l'Université, à qui
l'aspirant sera présenté. Le temps de l'apprentissage sera de
quatre années entières et consécutives. Les apprentis seront
tenus, après leur apprentissage achevé, de servir les maîtres en
qualité de compagnons durant trois années. » *Réglem.* du 28
février 1723, *art.* 20, 21, 28 : *voyez aussi l'art.* 43.

Les fils de maître étoient dispensés de l'apprentissage ; mais
ils devoient subir l'examen de capacité. *Art.* 27.

(2) Sans remonter aux Estienne du XVIe siècle, les ouvrages
de Rollin, de Pluche, etc. publiés, dans le siècle dernier, par
leurs homonymes, montrent que ceux-ci avoient à cœur,
de procurer la bonne exécution des livres confiés à leurs

Aujourd'hui beaucoup d'imprimeurs, ou de libraires qui se qualifient *éditeurs,* ne s'attachent guère qu'à l'exécution matérielle. Si le caractère est net, le tirage égal, le papier blanc et de bonne qualité, on croit avoir bien réussi. On s'imagine avoir atteint la perfection, quand on a fait relire les épreuves par un bon correcteur, afin d'éviter les fautes typographiques. Mais, après avoir choisi le texte réputé le meilleur, de le comparer avec les éditions données par l'auteur, ou avec les manuscrits, s'ils existent, c'est à quoi on ne songe pas ; ou bien si quelque homme capable veut en prendre la peine, comme il faut employer un temps considérable à ce labeur ingrat, le libraire, voyant que l'impression ne *marche* pas, puis rebuté d'attendre, et se souciant peu du plus ou moins de correction, achève promptement son édition pour accélérer la vente, de peur qu'un concurrent n'en vienne traverser le débit. Comme, par suite de l'infirmité humaine, il n'est pas possible d'imprimer un livre sans y laisser des fautes, et que celles-ci sont le plus souvent reproduites dans les éditions subséquentes (1), sans par-

soins. On peut encore citer pour exemples l'édition des anciens *Poëtes françois,* donnée par Coustellier ; la collection des *Auteurs latins* qu'il a commencée, et que les Barbou ont continuée ; le *Cicéron de l'abbé d'Olivet,* imprimé chez Coignard ; le *Tacite de Brotier, in-4°* et *in-12,* chez *Delatour ;* la collection des *Poëtes italiens* de Prault.

(1) Voyez l'*Avertissement* mis en tête des *Fables de La Fon-*

ler des nouvelles qui s'y glissent ; il s'ensuit que les dernières éditions sont ordinairement moins correctes que les précédentes (1).

Ce que nous venons de dire souffre néanmoins quelques exceptions : car il y a eu, depuis environ trente ans, une émulation entre plusieurs imprimeurs et libraires, pour donner, avec le secours de littérateurs zélés, des éditions exactes et soignées de nos plus célèbres auteurs ; et ils n'ont épargné ni recherches, ni dépenses, ni soins, pour rétablir dans sa pureté et son intégrité leur texte souvent altéré par l'ignorance (2), ou l'incurie, ou quelquefois la

taine, édition stéréotype de Didot ; et les *notes* de M. Walckenaer sur ces mêmes *Fables.* Dans un très-grand nombre d'éditions de Racine, on a imprimé d'une manière incorrecte ce vers des *Plaideurs,* (acte 2, scène 4.)

> Et fait tomber, *du coup,* mon chapeau dans la boue.

La belle édition de 1760 in-4°, et les autres publiées, soit avant, soit après, par les *Libraires associés,* portent, *d'un coup.* Voyez encore, ci-après, la *note* 1 de la page 31, et les observations d'un éditeur de Bossuet, page 93.

(1) Voici, entre plusieurs autres, un fait que nous pouvons certifier. Un imprimeur se présente, il y a environ cinq ans, chez une personne qu'on lui avoit indiquée comme pouvant entreprendre la révision des *OEuvres de saint François de Sales,* dont cet imprimeur vouloit publier une nouvelle édition. La personne, occupée d'ailleurs, ne put s'en charger : mais elle offrit à l'imprimeur de communiquer à celui qui entreprendroit le travail, diverses corrections et remarques qu'elle avoit faites sur quelques volumes de cette collection. L'édition s'est imprimée, sans que l'imprimeur se soit mis en peine d'avoir les corrections qu'on lui avoit offertes bénévolement.

(2) Pourroit-on croire que de nos jours on réimprimât le

hardiesse des éditeurs précédents ; et pour éclaircir, par des notes et des remarques, les passages qui en avoient besoin. Il nous suffira d'indiquer ici les éditions de *Racine*, par Geoffroy ; de *Boileau*, par M. de Saint-Surin ; de *La Fontaine*, par M. Walckenaer ; de *Madame de Sévigné*, par M. de Montmerqué.

Nous avons entrepris un semblable travail sur les *OEuvres de Fénelon* ; et c'est le résultat de nos recherches sur son *Télémaque*, que nous exposons dans cet opuscule (1). Déjà nous en avions présenté une première ébauche dans la *Notice* placée à la tête du tome XX de l'édition de Versailles, chez Lebel : mais depuis, ayant réuni d'autres documents, nous l'avons entièrement revu, en y ajoutant ce qu'un examen plus approfondi nous a fait découvrir.

Alors nous nous étions borné à une simple mention des éditions accompagnées de *remarques* satiriques, et publiées surtout en Hollande depuis 1719 ; sans donner aucun éclaircissement touchant l'auteur de ces *remarques*, sur lequel il y a discordance d'opinions. Après avoir examiné ces éditions, et ce qu'en ont écrit des contemporains, nous croyons pouvoir déterminer celui à qui elles doivent être attribuées.

Télémaque sur les premières éditions de Hollande, divisées en dix livres ? Nous avons vu une édition de ce genre ; *Paris*, P. Maumus, 1827.

(1). Pour les *Dialogues des Morts*, les *Fables*, et *l'Education des Filles*, voyez ci-après la *note* 2 de la page 31.

Pour les *critiques*, nous nous étions contenté d'en transcrire le titre, et de résumer en quelques mots les jugements qu'on en avoit portés lorsqu'elles furent publiées. Nous avons voulu les relire tout entières, afin d'en présenter une idée sommaire, et d'asseoir un jugement mieux motivé.

Enfin nous avons indiqué plusieurs traductions, tant imprimées que manuscrites, qui sont venues à notre connoissance depuis notre premier travail.

Quelques années avant d'entreprendre les recherches sur le *Télémaque*, nous en avions fait de semblables sur deux ouvrages de Bossuet, les *Oraisons funèbres*, et le *Discours sur l'Histoire universelle*, pour l'édition de ses *OEuvres* publiée aussi à Versailles, chez Lebel, 1815-1821, en 46 volumes in-8°.

On aimera, sans doute, à trouver réunies, sur ces trois chefs-d'œuvre de notre langue, des remarques bibliographiques, qui ne sont d'ailleurs venues à la connoissance que d'un petit nombre de personnes, parce qu'elles se trouvent, pour ainsi dire, perdues dans des collections volumineuses que peu de particuliers se procurent ordinairement, à moins qu'ils ne se forment une nombreuse bibliothèque. Elles seront utiles, et aux amateurs, qui désirent connoître les différences qui existent entre les éditions, pour se procurer la plus exacte; et surtout aux imprimeurs qui seroient jaloux de donner un texte correct.

N'ayant rien découvert qui pût nous donner lieu

de modifier ce que nous avons écrit en 1818, dans la *Notice* placée à la fin du *Discours sur l'Histoire universelle* (tome XXXV des *OEuvres*), nous nous bornons à la reproduire ici avec quelques corrections.

Quant aux *Oraisons funèbres*, après la première révision faite en 1816, nous en fîmes une nouvelle en 1825; et nous donnons ici un court résumé des observations recueillies dans ces deux collations.

Notre but, dans ces longues et pénibles révisions, a été d'abord de rétablir dans toute son intégrité le texte des trois ouvrages, afin que, fixé désormais, il fût suivi invariablement par ceux qui voudroient les réimprimer. Il importe, même dans les éditions vulgaires, d'offrir un texte pur et correct. Comme les maîtres font apprendre par cœur à leurs élèves des morceaux choisis des grands auteurs, si on leur mettoit entre les mains des éditions fautives, ils imprimeroient dans leur mémoire les fautes en même temps que les beautés.

Quant aux libraires, imprimeurs et éditeurs, après avoir choisi le texte le plus correct, qu'ils ne se persuadent point qu'il leur suffise de recommander au correcteur de s'y conformer. En général, les correcteurs vulgaires sont trop distraits par la diversité des matières qui leur passent habituellement sous les yeux, pour que l'on puisse s'en rapporter exclusivement à leur révision. D'ailleurs ils donnent

souvent plus d'attention aux fautes typographiques
et aux négligences grammaticales, qu'au sens de
l'auteur, ou à ses locutions particulières, qui ne
s'accordent pas toujours avec les règles posées par
les grammairiens modernes (1). Il importe donc,
surtout s'il s'agit de Corneille, de Racine, de Bossuet,
de Fénelon, et autres écrivains du grand siècle, de
ne point se permettre de corrections sans un mûr
examen ; mais, lorsqu'on croit apercevoir une faute
de grammaire, quelque évidente qu'elle paroisse, au
lieu de la corriger arbitrairement, il faut recourir
aux sources, ou bien à quelque homme capable de
résoudre la difficulté. C'est ce que l'on fait habituellement pour les ouvrages écrits en langues anciennes
ou étrangères ; on conviendra facilement que les
écrits des bons auteurs françois méritent au moins
les mêmes égards (2).

(1) Quintilien a dit : *Aliud est latinè, aliud grammaticè lo-
qui.* (Instit. 1. 6.) On peut appliquer ce mot à notre langue,
que certaines règles nouvelles mettent souvent à la gêne.

(2) Voyez, ci-après, n. 35, ce qui est dit sur l'orthographe
à suivre dans les éditions d'auteurs du siècle de Louis XIV.

RECHERCHES

BIBLIOGRAPHIQUES

SUR LE TÉLÉMAQUE.

1. — Parmi ceux qui ont écrit sur la bibliographie du *Télémaque*, la plupart n'ayant point été à portée de consulter les manuscrits, se sont bornés à comparer les éditions ; quelques-uns ont compulsé le manuscrit autographe, mais n'ont pas connu les copies corrigées de la main de l'auteur ; d'autres enfin s'en sont ordinairement rapportés à leurs devanciers, sans examiner à fond, par eux-mêmes, si ce qui en avoit été dit est entièrement exact. Lorsqu'en 1820 nous fûmes chargé de revoir l'édition complète des *OEuvres de Fénelon*, dont les premiers volumes parurent cette année-là, ayant observé avec quelle négligence tous ses écrits avoient été imprimés jusqu'alors, notre défiance a dû redoubler lorsqu'il s'est agi du *Télémaque*, surtout quand nous avons aperçu tant de discordance entre les éditions les plus accréditées. Il a donc été indispensable de collationner les manuscrits, de les comparer entre eux, et avec les meilleurs imprimés. Quoique ce travail ait exigé un temps considérable, nous ne regrettons point celui que nous y avons employé, puisque nous en avons recueilli une multitude d'observations, qui ont échappé aux éditeurs précédents. Nous allons en rendre compte, aussi brièvement que peuvent le comporter les divers détails dans lesquels nous devons entrer.

Pour mettre un certain ordre dans ce que nous avons à dire,

nous parlerons en premier lieu des manuscrits du *Télémaque;*
2° des éditions furtives et faites sans l'aveu de l'auteur; 3° des
éditions authentiques publiées depuis sa mort; 4° des traductions; 5° enfin des critiques.

—

ARTICLE PREMIER.

DES MANUSCRITS DU TÉLÉMAQUE.

2. — Voltaire assure (1) que Fénelon « ne fit cet ouvrage, que
» lorsqu'il fut relégué dans son archevêché de Cambrai. Plein
» de la lecture des anciens, ajoute-t-il, et né avec une ima-
» gination vive et tendre, il s'étoit fait un style qui n'étoit qu'à
» lui, et qui couloit de source avec abondance. J'ai vu son ma-
» nuscrit original ; il n'y a pas dix ratures. Il le composa en
» trois mois, au milieu de ses malheureuses disputes sur le
» Quiétisme ; ne se doutant pas combien ce délassement étoit
» supérieur à ses occupations. » On ne peut s'écarter davantage de la vérité, que Voltaire le fait dans ce peu de lignes.
D'abord on sait positivement, par Fénelon lui-même, qu'il a
fait le TÉLÉMAQUE *dans un temps où il étoit charmé des marques
de bonté et de confiance dont le Roi le combloit* (2). On sait encore
d'ailleurs, qu'il en communiqua le commencement à Bossuet
dans le temps de leur étroite liaison ; ce qui ne peut convenir
qu'aux années 1693 et 1694, puisqu'elle avoit déjà souffert
quelque altération dès le commencement de 1695 : et quant
aux *dix ratures* du manuscrit autographe, chacun peut se convaincre, par ses propres yeux, s'il veut l'examiner à la Biblio-

(1) *Siècle de Louis XIV*, chap. XXXII ; *des Beaux-arts.*

(2) Ce n'étoit donc pas *lorsqu'il fut relégué dans son archevêché.* Voyez
un *Mémoire* de Fénelon, adressé au P. Le Tellier, confesseur de Louis XIV,
en 1710, art. 3 ; dans les *Lettres diverses : Correspondance de Fén.* tom. III,
pag. 247 ; et l'*Hist. de Fénelon*, tom. III, liv. IV, n. 5.

thèque du Roi, ou par la description que nous en donnerons tout-à-l'heure, combien l'assertion de Voltaire est dénuée de fondement.

3. — Un *Mémoire* écrit de la propre main de Fénelon, donne, sur la composition du *Télémaque*, des détails qui achèvent de détruire ce qu'a imaginé l'historien de Louis XIV. « C'est, dit » Fénelon (1), une narration faite à la hâte, à morceaux détachés, » et par diverses reprises : il y auroit beaucoup à corriger. De » plus, l'imprimé n'est pas conforme à mon original. J'ai » mieux aimé le laisser paroître informe et défiguré, que de le » donner tel que je l'ai fait. Je n'ai jamais songé qu'à amuser » M. le Duc de Bourgogne par ces aventures, et qu'à l'in-» struire en l'amusant, *sans jamais vouloir donner cet ouvragé* » *au public.* Tout le monde sait qu'il ne m'a échappé que par » l'infidélité d'un copiste. » Mais si l'on pouvoit douter de la vérité de ce que dit Fénelon, qu'il a fait le *Télémaque à mor-ceaux détachés, et par diverses reprises,* l'aspect seul du ma-nuscrit autographe suffiroit pour le prouver ; et ce que nous dirons des copies achèvera la démonstration.

4. — Le manuscrit autographe est composé de quatre cent cinquante-trois feuillets de papier à lettre in-4°, de deux gran-deurs différentes. Le plus court finit au feuillet 229, par ces mots du livre XI (ou XIII), vers le milieu, *qui s'est livré à eux pour toutes ses affaires.* Il est tout écrit à mi-marge, de suite, et sans division de livres. Le commencement est d'une écriture assez fine ; le caractère est plus gros vers le milieu, et continue ainsi jusqu'à la fin : mais la différence des plumes et de l'encre, dont s'est servi l'auteur, se fait souvent apercevoir. Il y a un grand nombre de ratures et de surcharges entre les lignes ; et sur la marge beaucoup d'additions, qui la couvrent quelque-fois entièrement. On trouve dans ce manuscrit deux additions faites après coup ; elles sont écrites à longues lignes. L'une, de

(1) *Mémoire* au P. Le Tellier, déjà cité ; *ibid.,* pag. 248.

quatre feuillets, au livre x (*ou* xii), entre les fol. 191 et 192, a été détachée d'une copie dont nous parlerons au n. 9; l'autre, de neuf feuillets écrits et un blanc, est à la fin du livre xvii (*ou* xxiii), entre les fol. 431 et 432 (1).

5. — Dans l'état où est ce manuscrit, comme on ne pouvoit plus, en beaucoup d'endroits, y rien écrire ni corriger, Fénelon en fit tirer une copie. Elle est sur papier in-4°, à pages pleines, en gros caractères, et d'une écriture fort nette (2). Cette copie, qu'on avoit réunie aux autres manuscrits destinés à servir pour l'édition des *OEuvres de Fénelon*, in-4°, commencée vers 1780, a été soustraite pendant la révolution. La Bibliothèque du Roi en a fait l'acquisition, il y a environ trente ans. Celui qui la vendit l'attribuoit à un abbé *Porée*, qu'on dit avoir été secrétaire du prélat; mais c'est une supposition que l'examen de la copie dément tout à fait. Le copiste n'avoit d'autre mérite que son écriture : du reste, sans aucune teinture de la grammaire ni de l'orthographe; d'un esprit si bouché, et d'une si crasse ignorance, qu'il a fait des fautes que le bon sens auroit dû lui faire éviter. Ainsi il a écrit *présente* pour *persécute*; *s'emplissoient* pour *s'aplanissoient*; *farces* pour *faons*; *vaisseau* pour *ruisseau*; *tenir* pour *tarir*; *imiter* pour *irriter*; *demeurez* pour *devenez*; *plaie* pour *pluie*. Ces exemples suffisent, sans citer des noms propres, qu'il a encore plus estropiés. De plus il a souvent omis des mots, et même des lignes entières; de sorte que l'auteur, n'ayant pas toujours son original sous les yeux,

(1) Le manuscrit autographe du *Télémaque*, et celui de l'*Examen de conscience pour un Roi* ont été donnés par la famille de Fénelon à la Bibliothèque du Roi, on ne sait pas bien à quelle époque; mais ce fut après la mort du marquis de Fénelon, arrivée le 11 octobre 1746. On les a reliés tous deux ensemble en maroquin rouge, et on a mis à la tête un assez beau portrait de Fénelon peint en miniature, sur vélin. La reliure ne remonte guère au-delà de 1780.

(2) Nous avons de la même main la copie d'une partie du traité *de l'Existence de Dieu*, et de quelques autres écrits de l'archevêque de Cambrai.

quand il revoyoit cette copie, étoit obligé, pour rétablir le sens, de faire beaucoup de corrections, qui, quelquefois, donnent une leçon moins bonne que sa première composition (1).

6. — Mais, outre ces changements nécessités par les fautes du copiste, Fénelon a fait sur cette copie une multitude de corrections et de courtes additions, pour perfectionner son ouvrage. Le nombre des unes et des autres s'élève à plus de sept cents. On doit surtout remarquer trois additions plus considérables: la première, au livre XIII (*ou* XVII), dans la description des armes de Télémaque, est la dispute entre Neptune et Pallas pour la fondation de la ville d'Athènes, que l'auteur a substituée à l'histoire d'OEdipe, qu'on y lisoit auparavant. La seconde, de quatorze pages d'écriture, au livre XVII (*ou* XXIII), contient la réponse de Mentor à diverses questions d'Idoménée sur la religion et sur la politique, avec la description d'une partie de chasse où ce prince engage ses hôtes pour retarder leur départ. La dernière enfin, de quatre pages seulement, au milieu du dernier livre, est le récit fabuleux qu'un vieillard Phéacien fait à Télémaque au sujet d'Ulysse, à qui Télémaque avoit parlé sans le connoître, et qui ne vouloit pas se découvrir. Ces deux derniers fragments ont été séparés de la copie, avant qu'elle fût acquise par la Bibliothèque du Roi, et ils sont restés avec les autres manuscrits qui ont servi à l'édition des *OEuvres de Fénelon*, publiée à Versailles.

7. — Cette première copie, aussi bien que le manuscrit autographe, a été faite sans aucune division : mais l'auteur, dans la suite, partagea l'ouvrage en dix-huit livres, et écrivit de sa main, sur cette copie, les titres de chacun d'eux. On voit qu'il n'a pas marqué cette division sans y réfléchir; car il a effacé, en plusieurs endroits, le titre d'un livre, pour le reporter ailleurs. Cette copie a six cent trois pages (2), sans y comprendre les trois

(1) Nous en donnons des exemples, dans une *note* ci-après, n. 30.

(2) Le cardinal de Bausset n'a point connu cette copie; elle n'étoit pas encore à la Bibliothèque royale quand il écrivit l'*Histoire de Fénelon*.

additions mentionnées ci-dessus. Elle est sur papier un peu plus grand que celui de l'original. La fin a souffert de l'humi-, dité, et il y a, au haut d'une page, deux lignes qu'on ne peut plus lire, à cause de la pourriture ; mais les éditions n'offrent aucune différence dans ce qu'elles contiennent.

8. — C'est pendant que Fénelon faisoit tirer cette copie, et avant qu'il l'eût entièrement revue, qu'on en tira une autre à la dérobée pour la publier. Les éditions qui ont paru depuis 1699 jusqu'en 1715, contiennent un petit nombre de corrections ajoutées sur cette première copie, et qu'on ne trouve pas dans l'autographe. Nous remarquerons même, en rendant compte des premières éditions, qu'il en est une où on lit plusieurs passages, tirés de cette copie, qui ne sont pas dans les autres éditions de la même époque : ce qui fait présumer qu'il y a eu plusieurs copies faites en fraude sur celle-ci, à différents intervalles.

9. — Quand l'auteur eut entièrement revu cette copie, il voulut avoir l'ouvrage mis au net ; et il fit exécuter alors une seconde copie à pages pleines. Elle est de deux mains différentes, parce que la division en livres donnoit la facilité d'en copier plusieurs à la fois. Les livres I, II, VII, VIII, IX, XIII, XIV et XV sont d'une même main ; et les III, IV, V, VI, X, XI, XII, XVI, XVII et XVIII sont d'une autre main. Les deux écritures sont très-lisibles, sans être belles ; et celle du premier copiste a quelque ressemblance avec l'écriture de Fénelon. Quoique ces deux copistes fussent plus habiles que celui qui a fait la première copie, en ce que du moins ils comprenoient ce qu'ils écrivoient, ils ont cependant tantôt omis des mots, et même des lignes entières ; tantôt renversé l'ordre des périodes, et quelquefois substitué des termes à peu près équivalents (1) ; on peut en conjecturer qu'ils ont travaillé à la hâte. Ce manuscrit est sur papier grand

(1) On voit la preuve de ceci dans les *variantes* que nous avons mises au bas des pages, dans l'édition de Versailles.

in-4°, d'un format un peu plus grand que les deux autres, et contient 577 pages.

L'autographe et la première copie n'ont point de titre ; on a seulement laissé de la place pour l'écrire : mais on lit à la tête de la seconde copie, et de la même écriture que les deux premiers livres : LES AVANTURES DE TELEMAQUE. Cette copie a été revue par l'auteur, qui, outre plus de trente corrections de sa main, soit à la plume, soit au crayon, y a fait une addition de huit pages au livre x (*ou* xii.) C'est le dernier de tous les morceaux qu'il a ajoutés au *Télémaque.* Son but est de défendre Idoménée, et en sa personne les rois, « qu'on condamne » si souvent avec autant d'injustice que d'amertume. Il excuse, » avec autant de modération que d'équité, les erreurs et les » foiblesses qui sont le partage de l'humanité, et dont les rois » ne peuvent pas être plus exempts que les autres hommes (1). » Quand le manuscrit autographe fut donné à la Bibliothèque du Roi, la famille de Fénelon y joignit ce morceau, qui se trouve aujourd'hui annexé à l'original, comme nous l'avons déjà dit.

10. — Le travail que nous avons fait sur le *Télémaque* nous démontre qu'il n'a jamais existé d'autres manuscrits revus par l'auteur, que les trois dont nous venons de parler. Les catalogues de tous les manuscrits rassemblés pour l'édition des *OEuvres* complètes, chez Fr. Amb. Didot, et l'avertissement de l'édition du *Télémaque,* donnée en 1781 par ce même imprimeur, ne font mention que de l'original et des deux copies revues par l'auteur (2). Enfin la comparaison de la dernière

____

(1) *Hist. de Fén.* tom. iii, liv. iv, n. 5.

(2) Dans la *note* 4 à la suite de son *Eloge de Fénelon,* composé en 1771, l'abbé (depuis cardinal) Maury dit avoir vu *sept manuscrits* du Télémaque *copiés ou corrigés par Fénelon lui-même.* Sa mémoire l'aura sans doute mal servi, comme lorsqu'il avance que l'on trouva dans le *porte-feuille* de Massillon, *après sa mort, douze éditions de ses sermons qu'il retouchoit sans cesse.* (Voy. son *Disc. sur l'éloq. de la chaire,* n. 44 : Paris, 1777.) Quand, vers 1780, on dressa des catalogues des manuscrits de Fénelon, on

copie avec l'édition du *Télémaque* de 1717, démontre qu'on
l'a suivie en tout point, puisque l'on retrouve dans l'imprimé
tant la plupart des fautes du copiste, que les changements faits
à dessein dans la copie, comme nous le dirons en rendant
compte de notre travail. On peut bien croire qu'il y a eu d'autres copies furtives, peut-être en assez grand nombre, puisque
l'ouvrage circuloit en manuscrit dès le mois d'octobre 1698 (1),
comme le rapporte l'abbé Ledieu, secrétaire de Bossuet ; mais
ces copies n'ont aucune autorité. Il en existe encore une de ce
genre à la Bibliothèque du Roi, en deux volumes petit in-4° ;
elle finit au XXIII° livre, dont il manque cependant les dernières lignes.

Après avoir rendu compte de l'état des manuscrits du *Télémaque*, venons maintenant aux éditions qui en ont été faites.

ARTICLE II.

DES ÉDITIONS FURTIVES.

11.— Notre dessein n'est pas de décrire toutes les éditions qui
parurent seulement dans la dernière moitié de l'année 1699.
On en porte le nombre à plus de vingt (2) ; mais la plupart sont

possédoit la plus grande partie de ceux qui avoient servi à imprimer ses ouvrages posthumes ; ils existent encore aujourd'hui pour la plupart, et on a
même des copies anciennes d'un grand nombre d'entre eux. Est-il possible
que, dans l'espace de sept à huit ans, quatre manuscrits du *Télémaque* avec
notes de l'auteur, aient tellement disparu, que personne n'en ait jamais entendu parler.

(1) *Hist. de Fén.* tom. III, liv. IV, n. 2.

(2) Telle étoit l'avidité avec laquelle on recherchoit ce livre, que Gueudeville, dans sa *Critique générale* (pag. 62), témoigne sa surprise « que dans
» Paris, la source des lumières, le pays de l'intelligence, le centre du bon
» goût, on soit tellement affamé de *Télémaque*, qu'on y jette les louis d'or à
» la tête des libraires, pour enlever ce roman. » Et l'abbé Faydit, dans sa

copiées les unes sur les autres. Nous ne ferons donc mention que de celles qui paroissent avoir été faites sur des manuscrits différents, ou qui méritent quelque attention particulière.

La première édition fut publiée au commencement de mai 1699 (1). L'impression en fut arrêtée lorsqu'on en étoit à la page 208 ; mais le reste ne tarda point à paroître. Cette édition forme cinq parties, ou volumes assez minces, que nous allons décrire.

La partie qui parut d'abord porte sur le faux titre : LES AVANTURES DE TELEMAQUE FILS D'ULYSSE. On lit sur le frontispice : SUITE DU QUATRIEME LIVRE DE L'ODYSSÉE D'HOMERE, OU LES AVANTURES DE TELEMAQUE FILS D'ULYSSE. *A Paris, chez la veuve de Claude Barbin, au Palais, sur le second perron de la Sainte-Chappelle.* M. DC. XCIX. *Avec privilege du Roy.* Le feuillet suivant contient l'avis du libraire, ainsi conçu :

« LE LIBRAIRE AU LECTEUR.

» Comme cet ouvrage a été imprimé sur une copie *peu cor-* » *recte et très-mal écrite,* quelques soins qu'aient pu prendre » les correcteurs, il est échappé beaucoup de fautes à leur vi- » gilance. Ce ne sont néanmoins que des fautes de clerc ; le » Lecteur aura agréable de les excuser, et de suppléer à celles » qui ne sont pas marquées dans l'*Errata* qui suit. »

Cet *Errata* n'est que de dix lignes. Après, vient l'*Extrait du privilege du Roy,* daté du 6 avril 1699. En tête de la première page, et aux titres courants des pages, jusqu'à 120, on a mis

Télémacomanie (pag. 2), s'exprime ainsi : « S'il en faut juger par le feu et » l'ardeur avec laquelle ce livre est recherché, c'est le plus excellent de tous » les livres. Jamais on ne tira tant d'exemplaires d'un même ouvrage. Jamais » on ne fit tant d'éditions d'un même livre Jamais écrit n'a été lu par tant » de gens. »

(1) Bossuet en parle à son neveu, qui étoit pour lors à Rome, dans une lettre datée du 18 mai de cette année. Voyez ses *OEuvr.* tom. XLII, pag. 500.

Suite de l'Odicée d'Homere. Après la page 120, on a corrigé tantôt *Odissée*, et tantôt *Odyssée*. La page 208 finit par ces mots du livre v : *Il marche chancelant vers la ville en demandant son fils.* L'ouvrage est imprimé en caractère dit cicéro; chaque page contient vingt-trois lignes; le papier est blanc et fort.

On fit aussitôt une contrefaçon de ces 208 pages. Quoiqu'elle soit conforme en apparence à la première édition, il est facile de la reconnoître à ces marques. Au frontispice, on a corrigé *Chapelle*, au lieu de *Chappelle*; pag. 17, *élevés*, au lieu d'*élevez*; *Telemaque*, au lieu de *Temelaque*; et les titres courants portent d'un bout à l'autre *Odicée*. Le papier de cette contrefaçon est moins fort que celui de l'édition originale.

Le tome ii est intitulé : SECONDE PARTIE DES AVANTURES DE TELEMAQUE FILS D'ULYSSE. M. DC. XCIX. Ce titre est répété en tête de la première page, qui commence ainsi : *Il marche chancelant vers la ville en demandant des nouvelles de son fils; cependant le peuple touché de compassion*, etc. On a mis aux titres courants : *Suite de l'Odissée d'Homere.* Le caractère et le papier sont semblables en tout à ceux de la contrefaçon; même nombre de lignes à chaque page. Pour remplir une lacune, on a réimprimé les pages 23 et 24, après lesquelles suivent trois feuillets sans chiffres; et ces huit pages sont plus courtes que les autres, de quelques lignes. Le volume se termine à la page 230, par ces mots du livre ix (*ou* x) : *Mais qu'est-il arrivé depuis ce commencement de guerre?*

La troisième partie et les deux autres sont tout à fait conformes à la seconde, tant pour les titres, que pour l'impression; seulement le papier ne semble pas si beau. Cette troisième partie commence ainsi : *J'ai cru, répondit Idoménée, que nous n'aurions pu sans bassesse*, etc. Elle contient 204 pages, et la dernière finit par ces mots : *pour donner à un bon roi une gloire durable;* fin du liv. xi (*ou* xiv.)

La quatrième partie comprend les livres xii, xiii et xiv

(*ou* XV, XVI, XVII, XVIII et XIX.) Elle finit à la page 215.

La cinquième partie renferme le reste du *Télémaque*, et se termine à la page 208, par ces mots : *reconnut son père chez le fidèle Eumée.* Ces cinq parties, imprimées certainement à Paris, donnent le *Télémaque* tel qu'il étoit alors, sauf les omissions et les fautes inévitables dans une copie faite à la hâte, et furtivement.

12.— Dès le mois de juin 1699, Moetjens, libraire de La Haye en Hollande, fit réimprimer la première partie du *Télémaque*, aussi en 208 pages in-12, mais d'un format plus petit. Il dit, dans son avis *au Lecteur*, « qu'une pièce où l'esprit et la dé-
» licatesse règne partout, et qui peut aussi servir d'instruction
» pour un jeune prince, ne peut sortir que de la savante plume
» de Monseigneur François de Salignac Fénelon, illustre ar-
» chevêque de Cambrai. Je crois, poursuit-il, que le public me
» saura gré de lui en faire part ; et en échange l'on m'oblige-
» roit sensiblement, si l'on avoit une copie plus ample ou
» plus correcte, de me la communiquer pour être employée
» dans la seconde édition que j'espère d'en faire bientôt.» Cette
invitation ne se trouve que dans la première édition de Moetjens. Le titre est conçu de la même manière que dans celle de
Paris : il est orné de l'écusson du libraire, qui est un arbre sur-
monté d'un oiseau, et accompagné de deux figures ; on lit au-
tour : Amat libraria curam. *Suivant la copie de Paris. A La Haye, chez Adrian Moetjens, marchand libraire.* M. DC. XCIX.
Ces marques servent à distinguer les éditions de ce libraire,
des contrefaçons qu'on a faites sous son nom.

Aussitôt qu'il put se procurer la suite du *Télémaque*, il en continua l'impression à mesure que la copie lui parvenoit : du moins on peut le conjecturer par la division de ses volumes. Il fit paroître d'abord une partie qu'il intitula, Tome second. L'avis du libraire est ainsi conçu : « Le public ayant vu avec
» plaisir le premier tome de *Télémaque*, que j'avois imprimé

» sur l'édition de Paris, j'ai apporté tous mes soins pour en
» recouvrer la suite, et j'ai été assez heureux pour y réussir.
» J'en ai l'obligation à une personne de qualité qui a bien voulu
» me l'envoyer en manuscrit........ Cependant je suis obligé
» d'avertir que ce que l'on trouvera ici n'est pas la fin de l'ou-
» vrage, et qu'il y a encore un troisième et quatrième tome
» que je donnerai immédiatement après celui-ci. » La première page qui suit, est cotée 209, et commence ainsi : SUITE
DE L'ODYSSÉE D'HOMERE. *Cependant le peuple,* etc. Ce libraire
donna successivement une *Suite du second tome,* et une *II° Suite
du second tome.* Ces trois fragments comprennent, avec la première partie, 899 pages petit in-12 ; et finissent au milieu de
la descente de Télémaque aux enfers, par ces mots du livre XIV
(ou XVIII), *pour le soulagement des peuples.* FIN. Le tome III,
qu'il publia après, reprend au même endroit : *Ces rois se re-
prochoient les uns aux autres leur aveuglement,* etc. Mais il paroît qu'il se trouvoit une lacune dans la copie sur laquelle on
commença l'impression ; car les folios des premières pages de
ce tome III, jusqu'à la page 44, sont en chiffres romains ; après,
vient la page 1 en chiffres arabes : et l'on a été obligé de réimprimer quelques pages en caractères plus menus, pour réunir
les deux textes. Ce volume contient le reste du *Télémaque,* qui
finit par ces mots : *reconnut son père chez le fidèle Eumènie.*
Nous avons sous les yeux la première, la seconde et la cinquième édition de ce troisième tome, datées de la même année 1699.

13. — On fit en même temps en France des éditions du *Télémaque,* sous le nom de Moetjens. Ces éditions n'ont pas son
écusson sur le titre, ni de réclame au bas de chaque page,
comme celle de Hollande. Le caractère en est différent, ainsi
que la division des volumes. Une d'entre elles est in-12, sur
beau papier. Le frontispice et les titres courants portent seulement, *Les Avantures de Telemaque,* sans faire mention de

l'Odyssée. Il y a dans le dernier volume vingt feuillets sans chiffres ; ce qui suppose qu'on a réimprimé après coup ce qui manquoit à cet endroit dans la copie dont on se servoit. Une autre édition est divisée en quatre volumes petit in–12 : les deux premiers sont copiés sur celle de Moetjens ; les deux derniers sont autrement divisés ; et à la fin on a corrigé *reconnut son père chés le fidèle Eumée* ; après quoi on lit : *Fin de la quatrième partie*. Toutes ces éditions ont été imprimées à la hâte, et très-incorrectement (1).

Une autre édition, que M. Bosquillon cite comme la première complète, est celle qui renferme tout le *Télémaque* en un volume in–12. Il n'y a qu'un faux titre, qui porte simplement : *Les Avantures de Telemaque fils d'Ulysse,* sans indication ni du lieu ni de l'année de l'impression. Au verso se trouve un avis *au lecteur,* où l'éditeur prévient que « cette impression a été » faite sur une copie sans lacune, très-différente de celles qui » sont entre les mains de quelques particuliers ; que l'ouvrage » est présentement complet et entier. » Il ajoute ensuite, en caractères plus petits : « Le lecteur ne sera pas surpris de voir » le chiffre redoublé, quand il saura qu'on n'avoit d'abord eu » intention, que de donner la suite de ce qui avoit été im- » primé ; mais on a depuis cru, avec raison, que l'ouvrage » complet feroit beaucoup plus de plaisir. » Cet avis donne lieu de croire que les quatre parties qui font suite au premier volume de la veuve Barbin n'étoient point encore publiées, et que cette édition a pu être faite simultanément sur une autre copie. Quoi qu'il en soit, ce volume renferme d'abord les deux cent huit pages de Barbin, qui n'en font que quatre-

(1) On peut juger quelles étoient les fautes de ces premières éditions, par l'échantillon qui suit. On y lit : *Sorciers* pour *Locriens* ; *les Prussiens* pour *les Brutiens* ; *cette côte de Tamée* pour *cette côte de la mer* ; *au lieu de* pour *acheva* ; *et pendant qu'il esquivoit* pour *et perdant l'équilibre* ; *l'onzième* pour *Eunésime*, etc. etc.

Vingts : ensuite les chiffres et les signatures recommencent ; et on a mis en tête de la page 1 : *Suite des Avantures de Telema-que*; les chiffres continuent sans interruption jusqu'à là page 350, où finit l'ouvrage. Cette édition est imprimée en caractère dit petit-romain ; le papier est beau, et l'impression soignée : ce qui nous feroit croire qu'elle n'est pas de Rouen, comme le veulent quelques bibliographes. Du reste, elle n'est guère plus correcte que les autres.

Nous avons sous les yeux une autre édition, dont personne n'a parlé jusqu'ici, peut-être parce qu'on n'a point examiné en quoi elle diffère de celles du même temps : elle porte sur le titre : *A Cologne, chez Pierre Marteau*; 1699. On l'a par-tagée en cinq volumes ; le titre de la première page est : *Suite de l'Odissée d'Homere,* et aux titres courants on a mis *Odicée.* Il est incontestable que cette édition a été imprimée sur une copie qui différoit en beaucoup de points de celles qui ont servi aux éditions déjà mentionnées : car le copiste y a évité quelques-unes des omissions que nous indiquons plus bas, n. 14, 19 ; et l'on y trouve plusieurs des corrections et addi-tions faites par l'auteur dans la première copie (1), et qui ne sont dans aucune des éditions antérieures à 1717, comme nous l'avons dit ci-dessus, n. 8. Le format est un petit in-12 ; carac-tère dit philosophie, papier un peu bis : l'ouvrage paroît im-primé en Flandre, peut-être à Lille ; il y a une réclame à cha-que page. Mais cette édition n'est pas plus soignée que les

(1) En voici quelques exemples, que nous pourrions multiplier s'il en étoit besoin. Liv. I (pag. 3) : *La grotte de la déesse ne résonnoit plus de son chant;* au lieu *du doux chant de sa voix,* qu'on lit dans l'autographe et dans les premières éditions. Liv. III (pag. 48, Col. 97) : *par là je me croyois déjà un homme fait.* (Pag. 49, Col. 81) : *C'est un crime encore plus grand à Tyr que d'avoir de la vertu.* Liv. v (pag. 108, Col. 178) : *car la plupart des hommes, éblouis par les choses éclatantes, comme les victoires et les conquêtes, les préfèrent à ce qui est simple, tranquille et solide, comme la paix et la bonne police des peuples.*

àutres sous le rapport de la correction du texte, et surtout des noms propres ; il y a même, vers la fin, des lacunes de plusieurs lignes.

Il parut encore cette même année, en un vol. in-12, de 119 pages, *Les Avantures et Histoire de Telemaque*, 1699 ; sans nom de ville ni d'imprimeur. Ce volume contient la première partie de la veuve Barbin, mais avec des variantes, et quelques lignes de plus à la fin, qui indiquent qu'il fut imprimé sur une copie différente. Cette édition a été sans doute faite avec précipitation ; car elle est remplie de fautes d'impression : on la dit excessivement rare. On a mis à la dernière page cette épigramme, que nous rapportons parce qu'elle est peu connue :

> À Télémaque écrit dans l'estile (*sic*) d'Homère,
> Qui voudra comparer les *Maximes des Saints*,
> Trouvera que l'auteur eut deux divers desseins,
> Qui, malgré lui, le font à lui-même contraire.
>> Dans l'un, que de solidité !
>> Tout y tend à la vérité ;
>> Et dans l'autre tout est chimère.
> Parlez, me dira-t-on, un peu plus clairement.
>> Puisqu'il faut donc que je m'explique :
>> Le solide, c'est le roman ;
>> Le frivole, c'est le mystique.

14. — Les éditions dont nous avons parlé jusqu'ici n'avoient aucune division. Les premières qu'on divisa en livres parurent aussi en 1699. L'une, en deux volumes, petit caractère, et papier bis, paroît avoir été faite à Rouen, quoiqu'on lise sur le titre *à Liége*. On a mis un sommaire pour chaque livre ; mais on n'en a fait qu'un pour les livres I et II, parce que ces deux mêmes livres, qui contiennent les deux cent huit pages de Barbin, sont joints ensemble ; les livres III et IV sont de même réunis ; et un nouvel ordre de pages recommence chaque fois qu'il y a une division. Au second tome, qui comprend les cinq derniers livres, les chiffres se suivent jusqu'à la fin. Cette édition est très-fautive ; on y a sauté des pages entières. Une autre, aussi divisée en dix livres, fut imprimée sous le nom de *Bruxelles, Fr. Foppens*, 1699 : nous ne l'avons pas vue.

En 1700, on publia en France, sous la rubrique de *Bruxelles, Fr. Foppens*, une autre édition du *Télémaque* divisée en seize livres, avec un sommaire à chacun, et en deux volumes assez minces. Le papier est bon, et l'impression soignée ; ce qui peut faire penser qu'elle ne vient pas de Rouen, comme on l'a avancé. Le titre est en rouge et en noir, et on y annonce que cette édition est *augmentée, et corrigée d'une infinité de fautes qui s'étoient glissées dans les autres*. Le tome Ier contient 278 pages ; le IIe finit à la page 290, où on lit : *Fin du seizième et dernier livre*. Le texte paroît assez soigné pour la correction.

15. — Moetjens voulant donner une édition du *Télémaque* plus correcte que celles qui avoient paru, engagea l'abbé de Saint-Remi, qui se trouvoit alors en Hollande (1), à revoir le texte. Cette édition parut en 1701, divisée en dix livres, avec des sommaires à chaque ; elle forme un volume in-12 de 448 pages, (y compris *les Aventures d'Aristonoüs*) imprimé en petit caractère et sur beau papier. On mit pour la première fois au frontispice le nom et tous les titres de l'illustre auteur. Le libraire avoit obtenu, dès 1699, un privilége des Etats de Hollande et de West-Frise ; il l'imprima à la suite du frontispice. Après, vient la *Préface*, rédigée par l'abbé de Saint-Remi, dans laquelle il prend occasion du *Rapport* fait par Bossuet, l'année précédente, à l'assemblée du clergé de France, sur l'affaire du Quiétisme, pour rappeler hors de propos les controverses des

(1) Jean-Baptiste de la Landelle, gentilhomme Breton, plus connu sous le nom d'abbé de Saint-Remi, fit imprimer à La Haye, en 1701 et en 1716, des *Mémoires pour servir à l'Histoire de France* sous la première race de nos rois. (Voy. *Bibliot. hist. de la France*, par Feyret de Fontette tom. II, n. 16147-148.)

deux prélats. Mais la manière dont il parle de *l'amour pur*
prouve qu'il n'entendoit pas la matière ; et Fénelon qualifie ses
expressions, d'*étrange théologie* (1). En témoignant son admiration pour la soumission sans réserve de l'archevêque de Cambrai au jugement du saint siége, qui avoit condamné son
livre, l'abbé de Saint-Remi s'élève contre Bossuet avec une
partialité trop injuste, et « lui prête, dit le cardinal de Baus-
» set (2), des motifs d'intérêt et des sentiments de jalousie, aux-
» quels ce prélat étoit assurément bien supérieur. Un excès de
» crédulité ou de malignité lui avoit fait adopter toutes les fables
» dont le vulgaire ignorant aime à s'entretenir pour expliquer
» les motifs secrets qui font agir les hommes élevés sur la scène
» du monde. » Cet abbé emploie le reste de sa *Préface* à répon-
dre aux critiques qui avoient paru contre le *Télémaque ;* il la
termine par deux fables, *Le Serpent et la Lime*, de La Fontaine ; l'autre, assez mal écrite, intitulée : *Le Cygne et les Oi-
sons ;* et deux épigrammes que nous citerons plus bas.

Moetjens réimprima le *Télémaque*, absolument conforme à
l'édition dont nous parlons, en 1703, et plusieurs fois depuis,
toujours avec la même *Préface*. Mais il y ajouta, dans l'édition
de 1708 et dans les suivantes, deux pièces de poésie latine,
une fable, *l'Aigle et les Hiboux*, contre les détracteurs de Fénelon ; et une ode, qui contient une analyse poétique du *Télémaque.* Les historiens de Fénelon ne paroissent point avoir
connu ces pièces ; nous les insérons à la fin de ces *Recherches*.

Les autres éditions publiées depuis cette époque, jusqu'en

____

(1) Voyez la 62ᵉ des *Lettres diverses* : *Correspond.* tom. II, pag. 433.

(2) *Hist. de Fén.* tom. III, *Pièc. justif.* du liv. IV, n. 1. — Ses déclamations contre Bossuet ont paru si outrées au possesseur d'un exemplaire de
cette édition, qu'il a écrit en marge la note suivante : « On ne peut douter
» que cette *préface* ne soit l'ouvrage de quelque Protestant ennemi de M. de
» Meaux. Le fiel y coule partout. Il affecte d'être ou de paroître catholique ;
» mais il ne donnera pas le change. » *Note de l'édit. de Lyon*, 1829.

2

1717, sont copiées sur quelqu'une des précédentes, et divisées les unes en dix, les autres en seize livres.

ARTICLE III.

DES ÉDITIONS AUTHENTIQUES.

Nous décrivons, sous ce titre, d'abord les éditions du *Télémaque* faites ou revues sur les manuscrits ; ensuite quelques autres, dignes d'attention, publiées d'après celles-ci, en Hollande et ailleurs, et accompagnées de remarques critiques, ou de notes géographiques, historiques et littéraires.

SECTION PREMIÈRE.

Des éditions faites ou revues sur les manuscrits.

16. — « Tant que Fénelon vécut, dit le cardinal de Bausset (1),
» il dédaigna d'avouer ou de désavouer son livre ; il ne s'oc-
» cupa point de corriger les fautes qui s'étoient glissées dans
» toutes ces éditions si rapides et si multipliées. Ce fut de sa
» part une espèce de respect qu'il voulut montrer à Louis XIV,
» en ne paroissant attacher aucun prix au succès d'un ouvrage
» qui avoit eu le malheur de lui déplaire. D'ailleurs il lui étoit
» facile de prévoir, qu'après sa mort et celle de Louis XIV, sa
» famille pourroit rectifier sans inconvénient les inexactitudes
» et les imperfections de toutes ces éditions étrangères. »

17. — Enfin le marquis de Fénelon, petit-neveu de l'archevêque de Cambrai, donna, en 1717, la *première édition* du TÉLÉMAQUE *conforme au manuscrit original*. Cette édition, publiée à Paris chez Jacques Estienne (2), est en deux volumes in-12, imprimés en gros caractères, sur beau papier ; elle est ornée de figures en taille-douce, d'une exécution médiocre,

---

(1) *Hist. de Fén.* tom. III, *Pièces justif.* du liv. IV, n. 1.

(2) Des exemplaires portent au frontispice : *Chez Florentin Delaulne ;* c'est la même édition.

excepté le frontispice sur lequel est le portrait de Fénelon, assez bien gravé par Duflos, mais peu ressemblant. Le marquis de Fénelon la dédia au roi Louis XV. L'*Avertissement* est ainsi conçu : « La famille de feu monseigneur l'archevêque de » Cambrai donne ici une nouvelle édition des *Aventures de* » *Télémaque*, sur un manuscrit original qui s'est trouvé parmi » ses papiers. Toutes les éditions qu'on en a vues jusqu'à pré- » sent ont été très-défectueuses, et faites sans l'aveu de l'au- » teur. C'est une justice qu'on lui rend, en faisant paroître » son ouvrage tel qu'il est sorti de ses mains. Il l'avoit par- » tagé en vingt-quatre livres, à l'imitation de l'Iliade. Outre » cette division nouvelle, cette édition se trouvera différente, » en une infinité d'endroits, de toutes les autres qui ont paru. » Souvent, à la vérité, ces différences ne regardent que le » style, et ne font qu'ajouter quelque grâce au discours par » un arrangement plus harmonieux des paroles ; mais aussi » l'on avoit omis des choses très-précieuses et assez étendues, » qu'on a restituées fidèlement ici sur l'original... L'on a cru » ne devoir pas laisser plus longtemps à la tête de cet ouvrage » une *Préface* (1) qui y a paru, et que l'auteur de *Télémaque* » n'a jamais approuvée. On a mis en sa place le *Discours* sui- » vant, où l'on tâche de développer les beautés de ce poëme, » sa conformité aux règles de l'art, et la sublimité de sa mo- » rale. »

18. — Ce *Discours* est celui du chevalier de Ramsay *sur la poésie épique*, dirigé principalement contre les critiques du *Télémaque*, à la suite duquel est placée l'approbation de M. de Sacy, censeur royal (2), conçue en ces termes :

« J'ai lu, par ordre de monseigneur le chancelier, cet ou-

(1) Celle de l'abbé de Saint-Remi.
(2) Louis de Sacy, de l'Académie Françoise, auteur d'un *Traité de l'Ami-tié*, et traducteur de Pline le Jeune, mort à Paris le 26 octobre 1727, âgé de soixante-treize ans.

» vrage, qui a pour titre : *Les Aventures de Télémaque*, avec
» une préface qui en découvre toutes les beautés ; et j'ai cru
» qu'il ne méritoit pas seulement d'être imprimé, mais encore
» d'être traduit dans toutes les langues que parlent ou qu'en-
» tendent les peuples qui aspirent à être heureux. Ce poëme
» épique, quoiqu'en prose, met notre nation en état de n'a-
» voir rien à envier de ce côté-là aux Grecs et aux Romains.
» La fable qu'on y expose ne se termine point à amuser notre
» curiosité, et à flatter notre orgueil. Les récits, les descrip-
» tions, les liaisons et les grâces du discours éblouissent l'ima-
» gination sans l'égarer ; les réflexions et les conversations les
» plus longues paroissent toujours trop courtes à l'esprit, qu'elles
» n'éclairent pas moins qu'elles l'enchantent. Entre tant de
» caractères d'hommes si différents que l'on y trouve, il n'y
» en a aucun qui ne grave dans le cœur des lecteurs l'horreur du
» vice ou l'amour de la vertu. Les mystères de la politique la plus
» saine et la plus sûre y sont dévoilés ; les passions n'y présentent
» qu'un joug aussi honteux que funeste; les devoirs n'y montrent
» que des attraits qui les rendent aussi aimables que faciles.
» Avec Télémaque, on apprend à s'attacher inviolablement à
» la religion, dans la bonne comme dans la mauvaise fortune ;
» à aimer son père et sa patrie ; à être roi, citoyen, ami, es-
» clave même, si le sort le veut. Avec Mentor, on devient
» bientôt juste, humain, patient, sincère, discret et modeste.
» Il ne parle point, qu'il ne plaise, qu'il n'intéresse, qu'il ne
» remue, qu'il ne persuade. On ne peut l'écouter qu'avec ad-
» miration ; et on ne l'admire point, que l'on ne sente qu'on
» l'aime encore davantage. Trop heureuse la nation pour qui
» cet ouvrage pourra former quelque jour un Télémaque ou
» un Mentor ! A Paris, ce premier juin 1716. »

19. — Les mêmes libraires firent en même temps une autre
édition du *Télémaque*, pareillement en deux volumes, mais
en caractères plus petits. Elle passe pour être moins correcte

que l'autre. Ce n'est pas néanmoins que la première puisse être vantée pour sa correction ; car il y a beaucoup de mots passés, et même des lignes omises. Mais elle a l'avantage de renfermer toutes les additions que Fénelon fit à son livre, depuis sa première publication en 1699. On peut évaluer ces additions à un douzième environ de l'ouvrage, et non à un quart ou à un sixième, comme l'ont avancé quelques éditeurs. Cette édition est terminée par une ode de Fénelon sur le prieuré de Carenac, dont il fait la description. C'est, dit M. de Bausset (1), « un ouvrage de sa première jeunesse, inspiré » par sa tendre amitié pour l'abbé de Langeron, et qui fait » éprouver cette espèce de tristesse calme et douce, que nous » appellerions mélancolie, si on n'avoit pas abusé de cette » expression depuis quelques années. » Mais on ne joignit point au *Télémaque, les Aventures d'Aristonoüs*, qui n'avoient en effet aucun rapport à ce livre, et qui devoient mieux trouver leur place dans une nouvelle édition des *Dialogues* et des *Fables*, que le marquis de Fénelon publia en 1718. On se conforma dans les pays étrangers à l'édition de Paris, et elle fut réimprimée en Hollande la même année.

Le manuscrit original dont l'*Avertissement* fait mention, est la seconde copie déjà décrite. Il est aisé de se convaincre, par la confrontation, qu'on n'a guère eu recours qu'à celle-là. Encore, si on l'eût suivie exactement, on auroit évité un grand nombre de fautes qui déparent cette édition. En effet, il est presque impossible d'expliquer comment certaines fautes, qui ne sont point dans les manuscrits (2), se sont

____

(1) *Hist. de Fén.* tom. III, *Pièc. justif.* du liv. IV, n. 1.

(2) Nous citerons pour exemples de ces fautes ; LIV. II, pag. 29 : *un vieillard qui tenoit un livre à la main*, au lieu de *qui tenoit dans sa main un livre*, comme portent les manuscrits. Pag. 36 : *attirèrent bientôt autour de* MOI, pour *autour de* NOUS. LIV. IX (ou XI), pag. 229 : *Tout-à-coup Mentor dit : O rois ! ô capitaines assemblés ! désormais... vous ne* SEREZ *plus qu'un peuple ;* au lieu de *dit* AUX *rois et* AUX *capitaines assemblés : Désormais....*

introduites dans l'édition de 1717, d'où elles ont passé dans les
suivantes ; à moins qu'on ne veuille convenir qu'on s'est servi
pour l'impression, en 1717, d'une des éditions antérieures d'où
ces leçons sont tirées, et qu'alors, au lieu de faire copier entièrement le manuscrit, on s'est borné à en extraire, pour joindre
à l'imprimé qui servoit de copie, les additions que l'auteur
avoit faites à son livre depuis les premières éditions. Mais ce
que nous avons à dire sur ce sujet sera mieux placé dans le
compte que nous rendrons de la collation des manuscrits.

20.—Les libraires Estienne et Delaulne donnèrent à Paris, en
1730, une édition du *Télémaque* en deux vol. in-4°. Elle n'a
d'autre mérite qu'un très-beau papier, et un gros caractère,
mais nulle correction. On a mis à la tête une carte géographique, et des gravures à chaque livre, sur les dessins de Coypel,
Surville, Humblot. Ces gravures sont d'une exécution médiocre : le portrait de Fénelon, gravé en médaillon, se distingue à
peine sur le frontispice, au milieu de la Sagesse, de génies, et
autres figures allégoriques qui l'accompagnent ; et il est tellement dépourvu de ressemblance, qu'on le qualifie de *mon-
strueux*, dans l'*Avertissement* de l'édition de Hollande dont
nous allons parler. On joignit à cette édition des notes mythologiques, historiques, et en partie morales (1), mais dépour-
vues d'intérêt. On voit même qu'elles ont été faites sur une

vous ne FEREZ *plus*, etc. LIV. XII (*ou* XV), pag. 319 : *J'arrive au* SIÉGE, au
lieu de *J'arrive à* SIGÉE : cette faute a été remarquée par David Durand,
qui la corrigea dans le texte en 1731, et qui se borna à une note en 1745.
(Voyez son édition du *Télémaque*; Londres, 1745 : pag. 278.) Pag. 320 :
Ceux qui m'avoient promis de lui dire MA MISÈRE, au lieu de *Ceux qui
m'avoient promis de* LE *lui dire.* LIV. XVI (*ou* XXI), pag. 454 : *Puissent se
ressouvenir nos derniers neveux*, au lieu de *Puissent nos derniers neveux
se souvenir.*

(1) Ces notes ne sont pas tirées des éditions de Hollande ; elles sont moins
bien rédigées, et on n'y a pas inséré les *remarques* satiriques de ces mêmes
éditions. Ce qu'on lit à cet égard, dans les *Pièces justificatives* du liv. IV de
l'*Histoire de Fénelon*, n'est point exact. On n'eût pas souffert en France la
réimpression de ces *remarques.*

édition antérieure à 1717, puisqu'on y parle de l'histoire d'Œdipe, comme gravée sur les armes de Télémaque, histoire qui ne se trouve plus dans les éditions postérieures. Aussi les libraires, qui avoient supprimé l'*Avertissement* de 1717, furent-ils obligés d'avertir que la famille de l'archevêque de Cambrai n'avoit eu aucune part à ces notes.

21. — Dès lors le marquis de Fénelon, qui étoit, à cette époque, ambassadeur de France en Hollande, songea à donner une édition du *Télémaque*, qui pût satisfaire les amateurs du luxe typographique. Elle parut en 1734, à Amsterdam, chez Wetstein et Smith, en un volume in-folio, dont on ne tira que cent cinquante exemplaires ; mais on l'imprima en même temps in-4°, à un bien plus grand nombre. Celle-ci a 424 pages, et l'autre 395 seulement, parce que les pages en sont plus longues de trois lignes. On leur a donné cette longueur, et même on les a encadrées, afin que les marges, quoique grandes, ne parussent point disproportionnées. L'in-folio est sur un papier fort et très-blanc ; on y joignit les premières épreuves des gravures, qui sont un des plus beaux ornements de cette édition. Rien n'a été épargné pour la rendre digne de l'ouvrage ; et elle est aussi bien exécutée sous le rapport de l'art, qu'on pouvoit le faire à cette époque. Un très-beau portrait de Fénelon, gravé par Drevet, sur un portrait original en pastel, qui appartenoit à la famille, précède le titre : les autres gravures, au nombre de vingt-cinq, furent dessinées et gravées par d'habiles artistes françois et hollandois, entre lesquels il faut compter Bernard Picart (1). Le commencement de chaque livre, et la

______

(1) Bernard Picart étoit mort au mois de mai 1733. Cet artiste a dessiné le frontispice allégorique qui fut gravé par Folkema, et il grava lui-même les estampes des livres II et VII. L. F. Dubourg a donné les dessins de seize gravures, et G. F. L. Debrie en a dessiné six, dont une est gravée par lui en 1729. D'autres sont datées de 1731, 32 et 33. Il y a cinquante ans que J. B. Tilliard grava à Paris, d'après les dessins assez médiocres de Monnet, une

fin de la plupart, sont ornés de vignettes et de culs-de-lampe
en taille-douce, exécutés avec le même soin. Quelques-uns
de ces ornements sont répétés à plusieurs livres, et les planches,
par conséquent, en furent plus usées, que celles dont on ne se
servit qu'une fois. Il suit de là que l'in-folio est le seul format
où l'on puisse être assuré d'avoir de bonnes épreuves. L'in-4°
a été imprimé sur papier dit grand-raisin, mais d'une qualité
bien inférieure à celui de l'in-folio. Les pages ne sont pas encadrées. La différence de leur longueur a été cause qu'il n'est
pas toujours resté, à certains livres, assez de blanc pour y
mettre un cul-de-lampe, tantôt dans l'un, et tantôt dans l'autre format; de sorte que quelquefois ces ornements ne sont pas
les mêmes aux mêmes livres.

Mais, outre ces avantages extérieurs, il en est d'autres qui
distinguent cette édition. Le texte fut revu sur les manuscrits,
et on en fit disparoître une partie des fautes qui y étoient res-
tées en 1717. Il est fâcheux qu'en même temps les éditeurs se
soient permis de corriger le texte avec trop de hardiesse, et de
leur seule autorité. L'Epître dédicatoire au roi Louis XV a été
retranchée. Le livre contient d'abord un *Avertissement,* où l'on
s'élève fortement contre les notes de l'édition de Paris 1730,
in-4°; on y blâme surtout l'injustice des *remarques* odieuses
qui accompagnent les éditions faites en Hollande en 1719 et
en 1725 ; remarques aussi injurieuses à la mémoire de Fénelon
qu'à celle de Louis XIV. On a placé après, l'*Approbation* de
M. de Sacy, et le *Discours sur la poésie épique,* du chevalier de
Ramsay, qui venoit d'y faire des corrections et additions considérables. Le volume est terminé par l'ode à l'abbé de Langeron,
sur la solitude de Carenac.

suite d'estampes pour le *Télémaque.* On les trouve jointes ordinairement aux
éditions de Didot le jeune, in-4°. Quoique bien exécutées, ces gravures
sont inférieures à celles de Hollande.

22. — On avoit encore imprimé, pour être jointes à cette édition, les pièces suivantes : 1° *Examen de Conscience pour un Roi ;* 40 pages : 2° *Récit abrégé de la vie de M. de Fénelon ;* 43 pages : 3° *Généalogie de M. de Fénelon*, avec la *Liste de ses ouvrages ;* 10 pages : 4° *Mémoire concernant la personne, la vie et les écrits de madame Guyon ;* 3 pages en petits caractères et à deux colonnes. Personne n'a remarqué jusqu'ici, qu'au verso de la page 395 des exemplaires in-folio on distingue encore les vestiges des lettres EXA-, réclame qui indique l'*Examen de Conscience* qui devoit suivre : on a tâché de faire disparoître ces lettres en les grattant (1). L'in-4° ne présente pas de semblables traces. Debure, dans sa *Bibliographie*, dit qu'*on croit que la famille de l'auteur obtint la suppression* de ces pièces *pour des raisons particulières :* mais on sait maintenant que ce fut le ministère françois qui exigea impérieusement du marquis de Fénelon cette suppression (2). Il échappa pourtant quelques exemplaires de ces pièces ; le marquis en réserva deux pour la famille de Fénelon ; et M. de Chauvelin, ministre des affaires étrangères, en demanda un (3). On se servit de quelqu'un d'eux pour réimprimer les mêmes pièces à Londres en 1747, un vol. in-12 ; en retranchant néanmoins le *Mémoire sur madame Guyon*, qui n'offroit pas autant d'intérêt.

23. — J. de Wetstein fit paroître à Leyde en 1761, une édition

(1) Ces lettres n'ont point été grattées dans tous les exemplaires ; il en existe un à Paris, dans la Bibliothèque de l'Arsenal, où elles subsistent encore.

(2) L'*Histoire de Fénelon* offre des détails curieux sur cette affaire. *Pièces justif.* du liv. IV, tom. III. Voy. aussi l'*Avert.* sur les Ecrits politiques de Fénelon, *OEuvr.* tom. XXII, pag. 252.

(3) Un très-bel exemplaire, qui renfermoit ces pièces, a été vendu 506 fr. à Paris, à la vente de la bibliothèque de M. Caillard, en 1810. Le même exemplaire a été vendu de nouveau, en 1838, 306 fr. seulement, et il est passé en Angleterre.

du *Télémaque* in-folio, à l'instar de celle de 1734, et avec les mêmes gravures. Elle est sur beau papier; mais le caractère est maigre et plus serré; les planches, déjà usées, n'ont donné que de très-médiocres épreuves. On a mis quelques vignettes nouvelles, qui étant plus nettes, font contraster davantage les anciennes. Cette édition contient, à la tête, une *Épître dédicatoire* à Guillaume V, prince d'Orange; un *Avertissement* différent de celui de 1734; et la *Généalogie de Fénelon :* on a inséré au bas des pages un petit nombre de notes géographiques, historiques et mythologiques; et à la fin l'*Examen de Conscience pour un Roi;* mais on a retranché l'ode à l'abbé de Langeron. Cette édition n'est pas commune en France, et elle y est peu recherchée.

24. — Lorsque, vers 1780, on s'occupoit à préparer l'édition complète des *OEuvres de Fénelon,* qui commença à paroître chez Fr. Amb. Didot l'aîné, quelques années après; ce même imprimeur, ayant les manuscrits à sa disposition, fit revoir le *Télémaque,* et publia en 1781, dans la *Collection* dite *d'Artois,* sa nouvelle édition (4 vol. in-18), qu'il a depuis reproduite dans celles qu'il imprima par ordre du roi Louis XVI, pour l'éducation du Dauphin (1), et dans le tome V des *OEuvres* de l'archevêque de Cambrai, in-4°. On lit en tête cet avis : « Cette édition, » DONT ON CERTIFIE LA FIDÉLITÉ, a été collationnée sur trois » manuscrits précieux (2).... Ces trois manuscrits ont été comparés entre eux avec les éditions anciennes et modernes, par » l'imprimeur, sous les yeux de M. l'abbé Gallard, docteur de » la maison et société de Sorbonne, vicaire-général de Senlis,

(1) Il en fit trois éditions, une en 1783, 2 vol. in-4°, tirée à deux cents exemplaires; une seconde la même année, 4 vol. in-18, tirée à quatre cent cinquante; une troisième en 1784, 2 vol. in-8°, tirée à trois cent cinquante. Didot le jeune, imprimeur de MONSIEUR, en donna aussi deux belles éditions, en 1785, 2 vol. in-4°; et en 1790, 2 vol. in-8°.

(2) Ce sont les mêmes qui ont été décrits ci-dessus.

» dépositaire de tous les manuscrits de cet auteur célèbre, dont
» il prépare une édition complète (1). »

Qui ne croiroit, en lisant cet avis, qu'on n'a épargné aucun
soin pour donner le texte le plus pur et le plus correct? Et
cependant, tout en corrigeant une multitude de fautes qu'y
avoient laissées les éditeurs de 1717 et de 1734, on s'est permis
fréquemment de changer beaucoup de locutions autorisées par
l'usage du temps où l'auteur écrivoit, et qu'il emploie constamment dans ses écrits ; parce qu'on ne les trouvoit pas strictement
conformes aux règles actuelles de la grammaire. Mais, puisque
l'imprimeur *certifioit la fidélité de* son *édition*, il devoit suivre
rigoureusement les manuscrits qu'il avoit sous les yeux, ou du
moins ne pas taire qu'il avoit pris, en certains endroits, la liberté de faire des corrections; afin qu'on n'attribuât point
à Fénelon les fautes de son éditeur.

25.—Depuis la publication des éditions de Didot, qui ont servi
de modèle à un grand nombre d'autres, le docteur Bosquillon (2) en fit imprimer une nouvelle en 1799 ; elle forme
deux volumes in-18. Le titre annonce qu'elle est *enrichie de
variantes, de notes critiques, de plusieurs fragments extraits de
la copie originale, et de l'histoire des diverses éditions de ce livre.*
Par *variantes*, l'éditeur entend les diverses leçons qu'il a re-

(1) On a fait observer dans la *Préface* qui est en tête des *OEuvres*, dans
l'édition de Versailles, (tom. i, pag. 4, *note* 2) que, pendant le temps que
l'abbé Gallard fut chargé de diriger l'édition des *OEuvres de Fénelon*, on
avoit imprimé seulement le tome ii et une partie du iii⁰. On sait d'ailleurs
qu'il s'occupoit uniquement de préparer, pour la *Vie* de l'illustre prélat, les
matériaux depuis employés par l'abbé de Querbeuf; et qu'il abandonnoit à
l'imprimeur et à ses correcteurs le soin de revoir les écrits qui devoient faire
partie des *OEuvres.*

(2) Edouard-François-Marie Bosquillon, né à Montdidier en 1744, professeur à l'Ecole de médecine, et de littérature grecque au Collége de France, a
publié une bonne édition des *Aphorismes* d'Hippocrate, et une traduction
françoise du même livre. Il mourut en 1814. Aucune Biographie ne fait mention de son édition du *Télémaque.*

cueillies soit dans le manuscrit autographe, le seul qui existât
à la Bibliothèque du Roi lorsqu'il fit son travail, et le seul qu'il
ait connu ; soit dans quelques-unes des premières éditions, et
dans les principales qui ont été faites depuis 1717. Ces *variantes*
sont assez incomplètes : d'ailleurs il les a placées à la fin de
chaque volume, avec un renvoi à la page et à la ligne auxquelles
elles se rapportent ; ce qui est si incommode, que la plupart
des lecteurs ne prennent pas la peine de les consulter. Son texte
est celui de Didot, auquel il a fait un petit nombre de corrections. Il reproche aussi à cet imprimeur *d'avoir changé, sans
autorité, des manières de parler propres à Fénelon, et qui indiquent le temps où il a écrit*. Souvent, dans ses *variantes*, il pro-
pose d'adopter des leçons tirées du manuscrit autographe, mais
que l'auteur a changées dans les copies qu'il a revues : et c'est
à quoi se bornent ses *notes critiques*. Les *fragments* tirés de l'o-
riginal se réduisent à l'histoire d'Œdipe gravée sur les armes
de Télémaque, et supprimée depuis ; et à quelques passages effacés par l'auteur lui-même dans ce manuscrit. Bosquillon a
cru devoir les conserver, comme un échantillon de la manière
dont Fénelon travailloit à perfectionner son ouvrage en le limant
sans cesse. Il n'y a rien de neuf dans ce qu'a écrit cet éditeur
touchant l'*histoire des diverses éditions du Télémaque;* nous
avons même déjà remarqué qu'il a pris pour la première édition, celle qui n'est évidemment qu'une réimpression, du moins
pour les 208 pages de Barbin.

26. — J. F. Adry, ancien Oratorien, publia en 1811, une édition du *Télémaque*, en deux volumes in-8°. Il a mis à la tête un
Précis de la vie de Fénelon, avec une *liste raisonnée des principales éditions qui ont paru* jusqu'à la sienne ; et il a ajouté à
la fin du tome II une Table des matières, et les *principales
variantes*. Dans son *Avertissement*, il s'élève avec raison contre
la témérité des éditeurs modernes qui ont *osé corriger le style
de Fénelon*. Il a pris pour base de son édition le texte de Didot ;

mais l'ayant conféré avec le manuscrit original, et avec les principales éditions qui ont été données depuis 1717, il a choisi, *après un mûr examen*, parmi les variantes que présentent ces diverses éditions, *celles qui devoient être admises dans le texte préférablement aux autres*. On peut conclure de là, qu'il n'a eu aucune règle fixe : aussi lui a-t-on reproché d'avoir introduit dans le *Télémaque* au moins mille fautes ; et, en effet, on trouve dans son édition (1) des leçons arbitraires, ou changées par l'auteur, et jusqu'à des lignes entières omises. La *Liste des diverses éditions* est curieuse ; mais elle est grossie fort inutilement de toutes celles que publioient successivement les libraires de Paris, et qui sont de pures réimpressions, sans aucun égard à la correction du texte. Comme Adry n'a connu d'autre manuscrit que l'autographe, ses *variantes* sont aussi insignifiantes, et moins complètes que celles de Bosquillon. Elles sont même à peu près inutiles, parce qu'il n'a mis aucun renvoi pour indiquer les pages auxquelles elles se rapportent.

27. — Enfin, M. Lequien, libraire de Paris, donna en 1820 (2 vol. in-8°) la première édition du Télémaque qu'on puisse dire généralement conforme au texte original. Il l'annonce comme ayant été collationnée sur les trois manuscrits connus, qui sont les mêmes dont nous avons parlé ; et, par l'examen approfondi que nous avons fait de ces manuscrits, nous nous sommes assurés des soins et de la diligence que cet éditeur a mis dans son travail. Cependant, comme il étoit obligé de collationner chaque manuscrit séparément, et souvent à mesure que l'on imprimoit, il n'est pas étonnant qu'il lui soit échappé

(1) Elle a servi, depuis, de modèle à plusieurs autres, notamment à celle qui fait partie de la *Collection des meilleurs ouvrages françois*, imprimée chez P. Didot, 1814 ; et à la célèbre qui fut donnée à Parme, par Bodoni, en 1812, 2 vol. in-fol.

un certain nombre de fautes. Nous en avons remarqué une centaine, la plupart d'omission, parmi lesquelles quelques-unes sont assez considérables (1) : mais nous ne comptons pas dans ce nombre plusieurs corrections de la seconde copie, qu'il a adoptées avec trop de confiance, comme venant de l'auteur même. Pour nous, qui dans la confrontation que nous avons faite, pour notre édition, de tous les manuscrits de l'archevêque de Cambrai, avons eu le temps et l'occasion de reconnoître toutes les additions et corrections apocryphes que des mains étrangères ont glissées dans ses écrits, nous n'avons pas dû adopter aveuglément tout ce que nous avons trouvé dans cette copie. Il a fallu l'examiner en détail, la comparer avec l'autographe, et avec la première copie ; c'est ce que nous avons fait, comme on le verra dans le compte que nous allons rendre de notre travail.

28. — Ce n'est pas la première fois que nous reprochons aux anciens éditeurs la liberté qu'ils se sont donnée, en publiant les ouvrages posthumes de Fénelon, de corriger ses expressions et son style, d'ajouter et de retrancher, non-seulement sans aucune raison, mais souvent contre toutes les règles du

---

(1) Voici les principales : Tom. i, p. 226, on lit : *sa haine*, au lieu de *sa peine*; pag. 230 : *dans une propreté*, au lieu de *dans un ordre et une propreté*; pag. 233 : *les troupeaux*, pour *le lait des troupeaux*; pag. 283 : *en état de combattre*, pour *en âge*. Tom. ii, pag. 123 : après *en brûlant le camp*, ajoutez *des alliés* qui est omis; pag. 336 : après *qu'à l'ambition sans bornes*, ajoutez *qu'à la jalousie* pareillement omis; pag. 351 : *le vrai bonheur*, au lieu de *le vrai honneur*.

Des éditions du *Télémaque*, publiées récemment, portent sur le titre, comme celle de M. Lequien : *collationnée sur les trois manuscrits connus à Paris*. Il ne faut pas croire néanmoins qu'on ait entrepris une nouvelle confrontation : on s'est borné uniquement à copier ce dernier éditeur, parce qu'on supposoit que son travail étoit le plus parfait. Nous pouvons affirmer avec certitude, que depuis sa collation des manuscrits jusqu'à la nôtre, il n'en a été fait aucune autre.

goût (1). On peut consulter ce qui a été dit à ce propos, dans les *OEuvres*, édition de Versailles, et particulièrement dans les *Avertissements* sur le traité *de l'Existence de Dieu*, sur *l'Education des Filles*, sur les *Fables* et les *Dialogues des Morts* (2).

---

(1) Les premiers éditeurs des écrits posthumes de Bossuet ont fait la même chose, en retouchant le style des *Élévations sur les Mystères*, des *Méditations sur l'Évangile*, etc. comme nous l'avons remarqué dans l'*Avertissement* du tom. VIII de ses *OEuvres*. On n'a point eu plus d'égard pour ses *Oraisons funèbres*. Nous avons aussi montré qu'on n'avoit pas, jusqu'à nos jours, donné d'édition exacte et complète du *Discours sur l'Histoire universelle*. (Voy. les *Remarques* sur ces deux ouvrages, à la suite de cet opuscule.) Enfin les littérateurs, qui, depuis quelques années, se sont occupés de revoir le texte des autres classiques françois, pour le rétablir dans sa pureté primitive, ont fait, par rapport à eux, les mêmes observations que nous faisons ici à l'égard des écrits de Bossuet et de Fénelon. Mais ce n'est pas seulement en France, que les éditeurs et les imprimeurs ont défiguré, les uns par des corrections arbitraires, les autres par leur ignorance ou leur incurie, les chefs-d'œuvre des grands écrivains. Un Recueil périodique, imprimé en Italie, a consacré plusieurs articles à relever des fautes qui déparent presque toutes les éditions de la *Jérusalem délivrée* du Tasse : il fait voir qu'on auroit pu les éviter en consultant, soit les manuscrits, soit l'édition originale. (*Memorie di Religione*, ec. tom. IV, VI e VII. *Modena*, 1823, *e seg.*)

(2) Nous nous bornerons à en citer un petit nombre d'exemples. Dans le traité *de l'Existence de Dieu*, 1re part. ch. 3, no 11, l'auteur dit que «la cor-» ruption des plantes, les excréments des animaux que la terre nourrit, la » nourrissent elle-même, et PERPÉTUENT sa fertilité; » dans les anciennes éditions, on lit *perfectionnent*. No 21 : « Le microscope nous découvre, » dans chaque objet CONNU, mille objets qui ont échappé à notre connois-» sance ; » les autres éditions portent : *comme mille objets*. 2e part. *Immensité de Dieu*, no 99 : au lieu de « puisqu'il est par lui-même, il est sou-» verainement. PUISQU'IL EST SOUVERAINEMENT, il a tout l'être en lui. » Puisqu'il a tout l'être en lui, il a sans doute l'étendue ; » les éditeurs ont ainsi paraphrasé : « Puisqu'il est par lui-même, il est souverainement; il a » *éminemment et de la manière la plus parfaite* tout l'être en lui. Puisqu'il » a tout l'être en lui, il a sans doute *le positif et le parfait* de l'étendue. » No 106 : en parlant des attributs et des perfections que l'esprit humain mul-

Le *Télémaque* n'a pas été plus respecté. Nous avons déjà fait remarquer l'inattention et l'inexactitude des copistes, qui ont souvent transposé les mots, quelquefois en ont omis, ou substitué d'autres, et ont même passé des lignes entières : venons

tiplie en Dieu, *pour le considérer sous diverses faces*, Fénelon dit que par là on *diminue* Dieu, et il s'écrie : « Cet amas de PARCELLES DIVINES n'est » plus PARFAITEMENT mon Dieu ; » les éditeurs ont mis : « Cet amas de *pa-* » *roles diverses* n'est plus mon Dieu. »

Dans les *Fables : Histoire d'une vieille reine et d'une jeune paysanne ;* l'auteur fait dire à celle-ci : « Laissez-moi MON BAVOLET avec mon teint » fleuri ; » les éditeurs ont substitué : « Laissez-moi *ma condition de pay-* » *sanne* avec, etc. » En parlant de la vieille reine métamorphosée en paysanne, il dit : « Elle étoit crasseuse, court vêtue, et FAITE COMME UN » PETIT TORCHON traîné dans les cendres ; » les éditeurs ont mis : « court » vêtue, *avec ses habits qui sembloient avoir été* traînés dans les cendres. »

Dans les *Dialogues des Morts*, dial. 1er, Mercure dit, en parlant d'un jeune prince, que Charon s'étoit flatté de passer dans sa barque : IL AVOIT LA GOUTTE REMONTÉE ; les éditeurs ont corrigé : *Il se croyoit bien malade.* Dial. 6, Fénelon fait dire à Grillus métamorphosé en pourceau : « Je per- » siste dans LA SECTE BRUTALE QUE J'AI EMBRASSÉE ; » les éditeurs ont substitué : « Je persiste *à demeurer dans l'état où je suis.* » Dial. 26, Clitus dit à Alexandre : « LA GLOIRE TE FIT TOURNER LA TÊTE ; » les éditeurs ont corrigé : « *La prospérité* te fit *oublier le soin de ta propre* gloire *même.* »

On a aussi altéré le texte de *l'Éducation des Filles,* mais seulement depuis 1763 ; et c'est l'esprit de parti qui a dicté ces altérations : comme lorsque l'éditeur, attribuant à Fénelon l'opinion qui soutient qu'on peut se séparer *du Pape* sans se séparer *du saint siége,* ajoute au chap. VII, en parlant du Pape : « *du siége* duquel on ne peut se séparer sans quit- » ter l'Église ; » tandis que le texte porte : « Voilà ce que l'Église en- » seigne sur... l'autorité des pasteurs, sur celle du Pape, qui est le premier » d'entre eux par l'institution de Jésus-Christ même, et DUQUEL on ne peut » se séparer sans quitter l'Église. » Dans un autre endroit, il lui fait dire à une mère, que sa fille « doit avoir horreur de lire les livres *pernicieux* ; » ce que le bon sens indique assez à une mère jalouse de conserver pur le cœur de sa fille ; au lieu que Fénelon dit qu'elle « doit avoir horreur de lire les » livres DÉFENDUS, SANS VOULOIR EXAMINER CE QUI LES FAIT DÉFENDRE. » C'est pourtant ce texte qu'a reproduit Didot, dans l'édition des *OEuvres* in-4°, suivie par presque tous les éditeurs modernes.

aux éditeurs. La seconde copie, qu'on a suivie principalement
en 1717, est chargée, sur les marges, d'un grand nombre de
croix, indiquant les passages que les éditeurs avoient dessein de corriger, soit pour quelque tournure qui leur parois-
soit incorrecte, ou pour quelque expression qui ne leur sem-
bloit pas assez noble; soit à cause de la répétition trop rap-
prochée des mêmes termes, que Fénelon affecte fort souvent,
à l'imitation des anciens, et surtout des classiques Grecs, dont
il s'étoit pénétré. C'est en effet dans tous les endroits ainsi
notés, qu'on s'est éloigné davantage de l'original. Le marquis
de Fénelon est celui qui s'est le plus exercé sur cette copie; on
y remarque un grand nombre de corrections de sa main (1),
et nous avons indiqué les plus importantes dans les *variantes.*
Mais il n'avoit ni le goût assez sûr, ni le style assez élégant,
pour entreprendre de corriger le *Télémaque.* On voit aussi, en
examinant la copie, qu'il alloit à tâtons dans ses corrections :
car tantôt il efface un mot, puis lui en substitue un autre,
qu'il efface ensuite pour rétablir le premier.

29.—Encore si les éditeurs s'étoient bornés à faire ces changements sur les manuscrits, il eût été plus facile de rétablir le
texte dans sa pureté. Mais non; dans le cours de l'impression,
en 1717, en 1734, et même en 1781, ils se sont permis une
multitude de corrections arbitraires, selon leur caprice, ou selon les règles de grammaire que s'étoit faites chacun d'eux. Il
y a des différences surprenantes entre ces trois éditions. Dans

(1) Outre les changements faits par le marquis de Fénelon, et ceux qui
appartiennent à l'auteur, comme nous l'avons dit, on rencontre dans cette
copie de *nombreuses corrections interlinéaires,* dont il est parlé dans l'*Histoire de Fén.* (liv. IV, n° 51). Elles offrent le résultat de la collation, faite
en son temps, de cette copie avec la première, et la restitution des *nombreux*
passages omis par les copistes. Le cardinal de Bausset n'ayant pas vu la
première copie, et trouvant dans celle-ci tant d'additions qui en proviennent, et qui manquent dans l'autographe, n'a pu les attribuer qu'à l'auteur.

plusieurs passages où celle de 1717 s'éloigne des manuscrits; celle de 1734 y est conforme; puis en 1734 on change ce qu'on avoit respecté en 1717; et Didot, en 1781, a suivi tantôt une édition et tantôt l'autre (1). Enfin il se rencontre des endroits

(1) Nous en rapporterons ici quelques exemples, tirés seulement des cinq premiers livres.

PARIS, 1717 : tom. I, *pag.* 2.

Mais ces beaux lieux, loin de modérer sa douleur, *lui faisoient rappeler* le triste souvenir, etc.

P. *p.* 4. **D.** *p.* 9.

Son nom fut célèbre dans *toute* la Grèce et dans toute l'Asie par sa valeur... Maintenant errant dans *toute* l'étendue des mers.

P. *p.* 11. **H.** *p.* 7.

Est-ce donc là, ô Télémaque, les pensées, etc.

P. *p.* 17.

Vous savez mieux que moi *comme* il mérite d'être pleuré.

P. *p.* 20. **H.** *p.* 10.

Télémaque *reprit* ainsi.

P. *p.* 29. **D.** *p.* 24.

Les bœufs mugissants et *les* brebis bêlantes venoient en foule.

P. *p.* 94. **D.** *p.* 67.

portent leurs branches épaisses jusque *vers* les nues.

P. *p.* 131.

Je m'éveillai, et je *sentis* que ce songe, etc.

P. *p.* 143. **D.** *p.* 98.

Je sentis comme un nuage épais *sur* mes yeux.

P. *p.* 155. **D.** *p.* 104.

Leurs yeux étoient enflammés, et leurs bouches *étoient fumantes.*

HOLLANDE, 1734, *pag.* 1 et 2.
DIDOT, 1787, *pag.* 7.

Mais ces beaux lieux, loin de modérer sa douleur, NE *faisoient* QUE LUI *rappeler* le triste, etc.

H. *p.* 4.

Son nom fut célèbre dans la Grèce et dans toute l'Asie par sa valeur... Maintenant errant dans l'étendue des mers.

D. *p.* 13.

Sont-ce donc là, ô Télémaque, les pensées, etc.

H. *p.* 9. **D.** *p.* 17.

Vous savez mieux que moi *combien* il mérite d'être pleuré.

D. *p.* 19.

Télémaque *répondit* ainsi.

H. *p.* 14.

Les *troupeaux* de bœufs mugissants et *de* brebis bêlantes venoient en foule.

H. *p.* 42.

portent leurs branches épaisses jusque *dans* les nues.

H. *p.* 58. **D.** *p.* 90.

Je m'éveillai, et je *connus* que ce songe, etc.

H. *p.* 62.

Je sentis comme un nuage épais, qui *se dissipoit de dessus* mes yeux.

H. *p.* 67.

Leurs yeux étoient enflammés, et leurs bouches *écumantes.*

dans la seconde copie, où l'on a corrigé le texte, sans qu'on ait eu égard ensuite à ces changements dans l'impression ; comme aussi on trouve changés, dans les imprimés, beaucoup de passages où les trois manuscrits sont conformes entre eux (1),

<table>
<tr><td>

P. *p.* 167. D. *p.* 113.

mais bientôt il sentit combien *ses vœux* lui *étoient* funestes.

</td><td>

H. *p.* 73.

mais bientôt il sentit combien *ils* lui *devoient être* funestes.

</td></tr>
<tr><td>

P. *p.* 169.

Offrez *cent taureaux plus blancs que la neige à Neptune.*

</td><td>

H. *p.* 74. D. *p.* 114.

Offrez *à Neptune cent taureaux plus blancs que la neige.*

</td></tr>
<tr><td>

P. *p.* 189.

sans avoir beaucoup *à souffrir* de son ambition.

</td><td>

H. *p.* 81. D. *p.* 127.

sans avoir beaucoup *souffert* de son ambition.

</td></tr>
<tr><td>

P *p.* 190.

voulant vaincre les autres *peuples,* que la justice ne lui a pas *soumis.*

</td><td>

H. *p.* 82. D. *p.* 128.

voulant vaincre les autres *nations,* que la justice ne lui a pas *soumises.*

</td></tr>
</table>

(1) En voici quelques exemples, choisis entre beaucoup d'autres. Les pages citées sont celles de l'édition de Versailles.

<table>
<tr><td>

Les trois manuscrits portent :

Liv. ii, *pag.* 28. Il nous renvoya à un de ses officiers, qui fut chargé de *savoir* de ceux qui avoient pris notre vaisseau, etc.

p. 32. J'aperçus tout-à-coup un vieillard qui tenoit *dans sa main un livre.*

p. 36. Tout y étoit *devenu* doux et riant.

p. 41 *et ailleurs.* Chypre, Chypriens.

Liv. iv, *p.* 75. elle semble *ranimer* toute la nature.

Liv. vi, *p.* 126. et la douleur répandant *sur son visage de nouvelles grâces,* elle parla ainsi.

Liv. vii, *p.* 165. On craignoit toujours qu'il *finiroit* trop tôt.

Liv. ix, *p.* 229. Tout-à-coup Mentor dit *aux* rois et *aux* capitaines assemblés : Désormais, sous divers noms et *sous* divers chefs, vous ne *ferez* plus qu'un seul peuple.

</td><td>

On lit dans les trois imprimés :

Il nous renvoya à un de ses officiers, qui fut chargé de *s'informer* de ceux, etc.

J'aperçus tout-à-coup un vieillard qui tenoit *un livre à la main.* Didot a mis : *un livre dans sa main.*

Tout y étoit doux et riant.

Cypre, Cypriens.

elle semble *animer* toute la nature.

et la douleur SE répandant SUR son visage ORNÉ de nouvelles grâces, etc. *On lit dans Didot :* et la douleur répandant de nouvelles grâces sur son visage, etc.

On craignoit toujours qu'il ne *finît* trop tôt.

Tout-à-coup Mentor dit : *O* rois, ô capitaines assemblés! désormais, sous divers noms et divers chefs, vous ne *serez* plus, etc. *Didot a mis :* Tout-à-coup Mentor dit aux rois et aux capitaines assemblés : Désormais, sous divers noms et divers chefs, vous ne *serez* plus, etc.

</td></tr>
</table>

aussi bien qu'avec les premières éditions. On peut se convaincre, par là, de l'attention minutieuse qu'il falloit apporter à
l'examen de chaque passage, pour ne pas donner lieu d'impu-
ter à l'auteur les fautes des copistes et des éditeurs, et pour
discerner la véritable leçon au milieu de tant de corrections
apocryphes.

30. — Nous avons eu l'avantage de pouvoir consulter à la fois
les trois manuscrits ; et cela nous a été d'un grand secours,
pour remonter à la source des diverses leçons des différentes
éditions, et pour reconnoître l'origine des fautes qui s'y sont
glissées, ou des changements faits par les éditeurs. Nous avons
commencé notre travail, par confronter avec l'autographe
l'imprimé qui devoit nous servir de copie pour notre édition.
A mesure que nous apercevions quelque différence entre l'un
et l'autre, nous recourions à la première copie, puis à la seconde quand la première étoit conforme à l'original. Si le
copiste, par ses omissions ou autrement, avoit détruit le sens,
et que l'auteur, pour le rétablir, eût dû suppléer d'autres
mots, nous le remarquions chaque fois sur notre exemplaire ;
et nous avons rendu compte, dans les notes jointes aux *variantes*, des raisons qui nous ont porté à adopter la leçon que
nous suivons (1). Nous avons aussi noté toutes les corrections
et additions que l'auteur a écrites sur les deux copies qu'il fit

Liv. x, *p.* 249. Le soleil se levoit déjà.	Le soleil s'élevoit déjà, *excepté* l'*édit. de Holl.* 1734.
p. 253. Tous les esclaves seront *vêtus* de gris brun.	Tous les esclaves seront *habillés* de gris brun.
Liv. xii, *p.* 320. Ceux qui m'a-voient promis de *le* lui dire, ne l'ont pas fait.	Ceux qui avoient promis de lui dire *ma misère*, ne l'ont pas fait.
Liv. xiii, *p.* 343. aussi agréables aux princes que leurs passions *do-minent.*	aussi agréables aux princes, que ceux qui *flattent* leurs passions *do-minantes.*

(1) Pour faire mieux comprendre notre travail, nous donnerons ici les
principaux passages que nous avons restitués d'après le manuscrit original.

tirer successivement de son livre ; et si les manuscrits venoient à se perdre, notre exemplaire pourroit les suppléer, puisqu'il contient tout ce qu'ils renferment d'essentiel. De cette manière, nous avons lu le *Télémaque* écrit tout entier de la main de Fénelon, si l'on en excepte dix lignes, comme nous l'avons fait observer au liv. x, pag. 244 et 248, et un petit nombre de mots écrits entre les lignes de la main même des copistes, et que l'auteur aura pu leur dicter en collationnant son ouvrage ; car ces corrections ne peuvent être attribuées aux copistes, qui n'étoient point assez habiles pour les faire d'eux-mêmes.

Nous avons donc rétabli le *Télémaque* tel que l'auteur l'a laissé,

Vers la fin du liv. vi, Télémaque dit : « Je ne me sens que de l'amitié et » de la reconnoissance pour Eucharis. Il me suffit de *le* lui dire encore une » fois, et je pars. » Le copiste avoit omis *le* ; la phrase alors n'ayant plus de » sens, Fénelon ajouta *adieu*, qu'on lit dans l'édition de 1717, etc. »

Au commencement du liv. vii, Narbal, lorsqu'il reçoit dans son vaisseau Télémaque et Mentor, dit en parlant de l'île de Calypso : « On ne pourroit » en approcher sans faire naufrage. *Aussi est-ce par un naufrage*, répondit » Mentor, que nous y avons été jetés. » Le copiste ayant passé les mots soulignés, l'auteur, pour rétablir le sens, corrigea : *Mentor répondit : Nous y avons été jetés*. Les éditions antérieures à 1717 sont conformes à l'original.

Liv. ix. Lorsque Mentor eut parlé aux alliés pour procurer la paix, on dit « Ses paroles avoient *paru courtes, et on auroit* souhaité qu'il eût parlé » plus longtemps.» L'omission des mots soulignés obligea Fénelon d'effacer, *ses paroles*, et de mettre, *on auroit*, au lieu d'*avoient*.

Liv. xiii. Le vieux Phérécide, en présence du bûcher d'Hippias, s'écrie : « O mon cher Hippias, c'est moi *qui t'ai donné la mort ; c'est moi qui t'ai* » appris à la mépriser. » Les mots soulignés ont été omis par le copiste ; l'auteur, qui voyoit le sens incomplet, corrigea : C'est moi *cruel, moi impitoyable*, qui t'ai appris à mépriser *la mort*. » La première leçon l'emporte certainement par le naturel.

Liv. xiv. Minos, parlant de la reconnoissance que l'on doit aux dieux, dit : « Ne leur doit-on pas sa naissance, plus qu'au père *même* de qui on est né ? » Le copiste a écrit MÈRE, au lieu de *même* ; Fénelon, pour parfaire le sens, ajouta *et à la* avant *mère* ; leçon moins bonne que la première.

sans nous permettre d'y rien changer (1). Les amis à qui Virgile confia en mourant son *Enéide*, pour le publier, n'osèrent point achever les vers restés imparfaits. Quelques modernes ont tenté de les finir, et y sont quelquefois parvenus assez heureusement ; mais ne les eût-on pas blâmés avec raison, s'ils avoient voulu les faire passer dans le texte du poëme ? En dernier lieu, on s'est moqué à juste titre d'un éditeur, qui a *transcrit*, dit-il, l'*Education des filles* de Fénelon *dans un style plus correct* (2). A plus forte raison doit-on s'élever contre ceux qui ont osé toucher à son *Télémaque*. Si l'auteur y a laissé des incorrections (3), et même des fautes de grammaire, ce n'est pas à un éditeur obscur à les corriger : tout au plus peut-on y joindre des notes, pour éclairer les étrangers qui étudient notre langue. Un jour, peut-être, quelque docte commentateur, voulant faire vivre son nom en l'accolant à celui de Fénelon, relèvera les beautés du *Télémaque*, et en même temps notera sur son passage les négligences qui s'y rencontrent ; il en aura la liberté : mais il devra faire attention qu'aujourd'hui des ignorants voient des fautes, dans des locutions qui peuvent être justifiées par les auteurs contemporains qui s'en sont servis, et souvent même par la première édition du *Dictionnaire de l'Académie*, de 1694, que Fénelon a toujours suivie scrupuleusement.

31. — Nous avons mis au bas des pages, et au-dessous du texte, les *variantes* du manuscrit autographe, et celles des deux

____

(1) On doit, en effet, compter pour rien la correction de quelques *lapsus calami*, qui échappent à tous les auteurs, et que les éditeurs, même avant 1717, avoient pour la plupart corrigés. Nous en avons fait chaque fois la remarque. Voyez entre autres les pages 66, 246, 309, 377, 416, 448.

(2) Voyez De *l'Éducation et de l'Instruction des Filles*, par FÉNELON ; *écrit dans le style de ce siècle*, par Baillot de Saint-Martin. *Paris*, 1823, in-8º.

(3) On a vu plus haut, n. 3, Fénelon lui-même, en 1710, dire du Télémaque : *Il y auroit beaucoup à corriger*.

copies. En les lisant, et en les comparant avec le texte, on suivra, pour ainsi dire, l'auteur à la trace lorsqu'il revoyoit son ouvrage ; on jugera quelle attention il apportoit aux plus petits détails; et l'on se convaincra que s'il n'a pas fait disparoître de son livre ce qui nous semble des négligences, c'est peut-être à dessein qu'il les y a laissées. On ne trouvera, dans ces *variantes,* que celles qui sont de Fénelon, c'est-à-dire les changements qu'il a faits lui-même sur les copies, et non pas les *variantes* qui proviennent de l'ignorance ou de l'inattention des copistes : nous en avons néanmoins conservé plusieurs de ce dernier genre, parce qu'elles avoient été insérées dans le texte par les autres éditeurs, et aussi afin qu'on ne prît pas les véritables leçons pour des fautes que nous y aurions introduites. Il nous a paru inutile de relever, comme l'ont fait Bosquillon et Adry, les phrases et les mots effacés, par l'auteur même, dans l'autographe : personne n'eût pris la peine de les lire, et nous aurions ainsi surchargé les notes sans aucun fruit.

32. — Quelque attention que nous ayons apportée à la confrontation des manuscrits, craignant encore de n'avoir pas bien saisi les corrections de l'auteur, ou que quelqu'une n'eût échappé à nos recherches, et voulant rendre notre travail aussi complet et aussi exact que le méritoit un des chefs-d'œuvre de notre langue, nous avons accepté l'offre que nous a faite M. Bertrand (1), ancien professeur, de nous communiquer une collation qu'il avoit faite des mêmes manuscrits. Nous pensions que si quelque mot s'étoit dérobé à notre vue, il étoit difficile que M. B. ne l'eût pas remarqué, ayant fait son travail plus à

(1) Jean-Baptiste Bertrand, né à Cernay-les-Reims, le 8 septembre 1764, est mort à Paris le 11 octobre 1830. Il a publié deux brochures sur des questions de grammaire. Voyez le *Journal de la Librairie,* du 12 mars 1831.

loisir. Nous nous sommes presque toujours trouvés d'accord
avec lui. Nous avons recueilli nos observations mutuelles sur
les passages douteux ; et quand nous ne pouvions nous réunir
au même avis, nous allions vérifier de nouveau dans les manuscrits le passage contesté, afin de ne rien décider par notre
propre autorité : de sorte que si nous n'avions pas réussi à
donner le texte du *Télémaque* dans toute sa pureté, nous n'aurions pas du moins à nous reprocher d'avoir épargné les soins
et les peines. Nous devons aussi à M. B. la communication
d'un grand nombre d'éditions, les plus remarquables entre les
premières, et d'autres qui étant imprimées chez l'étranger se
trouvent rarement en France, notamment celle de Cologne
1699, que nous avons fait connoître, n. 13, et celle de Londres
1745, qui n'est dans aucune des bibliothèques publiques de
Paris.

33. — Il nous reste à parler de la division en dix-huit livres
que nous avons adoptée, au lieu de celle en vingt-quatre livres
qui étoit en usage depuis 1717. On a vu que l'original n'a aucune division. La première copie, comme nous l'avons dit, a
été divisée en dix-huit livres par Fénelon lui-même ; et on
s'aperçoit qu'il n'a pas fait cette division à la légère, et sans
l'avoir bien méditée, puisque plusieurs fois il a effacé l'indication du commencement d'un livre, pour l'écrire, tantôt avant,
tantôt après l'endroit où il l'avoit d'abord fixée. Cette même
division a été conservée dans la seconde copie revue par Fénelon. On dit, à la vérité, dans l'*Avertissement* mis en tête de
l'édition de 1717, qu'*il l'avoit partagé en vingt-quatre livres, à
l'imitation de l'Iliade*. Néanmoins, il nous est permis de croire
que c'étoit plutôt un projet de division, qu'une division tout à
fait arrêtée ; car elle a été indiquée après coup, dans cette
même copie, par de simples crochets, avec les mots *livre II*, etc.
tracés de la main d'un copiste. Comme jusque-là le *Télémaque*,

n'avoit été partagé qu'en dix ou en seize livres, selon le caprice
des différents éditeurs, il est naturel qu'en 1717 on ait exagéré la division en vingt-quatre livres, pour donner à entendre
que l'édition nouvelle offroit des additions considérables. Mais
ce qui nous a surtout déterminés à suivre la division faite in-
dubitablement, et avec réflexion, par l'auteur, et écrite de sa
main, ce sont les mauvaises coupures qu'on a été forcé de faire
pour arriver à ces vingt-quatre livres. Par exemple, l'assemblée des Crétois pour élire un roi (liv. v) ; la négociation de
Mentor avec les Manduriens et leurs alliés, qui venoient assié-
ger Salente (liv. ix) ; le récit qu'Idoménée fait à Mentor, des
artifices de Protésilas, qui avoit en grande partie causé les
malheurs de ce prince (liv. xi) ; l'attaque du camp des alliés
par Adraste, et le combat qui s'ensuivit (liv. xiii) ; enfin la
descente de Télémaque aux enfers (liv. xiv) ; tous ces épisodes,
compris chacun en un seul livre dans la division de Fénelon,
sont coupés par le milieu, pour en faire deux, dans l'autre
partage. Le cardinal de Bausset, consulté à ce sujet, a pensé
qu'on ne devoit point hésiter à substituer une division qui est
incontestablement de Fénelon, à celle qui n'a pas tous les caractères désirables d'authenticité. Si ce prélat, dans l'*Histoire
de Fénelon,* n'a parlé que de la division en vingt-quatre livres,
c'est que la copie où l'autre est tracée n'étoit point encore à la
Bibliothèque royale quand il composa son *Histoire,* et qu'il
n'en a eu aucune connoissance. Au reste, nous avons indiqué
exactement, dans les *variantes,* le commencement de chacun
des vingt-quatre livres.

34. — Il étoit convenable de placer à la tête du *Télémaque* le
Discours du chevalier de Ramsay *sur la poésie épique,* qui l'a
toujours accompagné depuis 1717. Nous l'avons donné tel que
l'auteur le retoucha en 1734, et avec les additions qu'il y fit
alors. C'est une chose digne de remarque, qu'en réimprimant
ce *Discours* avec le *Télémaque,* on ait suivi en France, jusqu'à

nos jours, l'édition de 1717 (1), et qu'on ne se soit pas douté
des changements qu'il a subis en 1734; tandis qu'une note en
avertit, et qu'on le trouve imprimé à Londres avec ces mêmes
changements dès l'année 1742.

35.— Quant à l'orthographe, nous n'avons pas suivi celle de
Fénelon, qui paroîtroit singulière aujourd'hui. Il n'est pas
lui-même bien fixe dans sa manière d'écrire certains mots,
qu'il met tantôt d'une façon, tantôt d'une autre : comme, par
exemple, dans les noms propres, *Enne* et *Enna*, *Phalantus* et
Phalante. Quoiqu'il conserve ordinairement les étymologies,
puisqu'il écrit *debtes*, *tempestes*, etc. il supprime le *p* au mot
tems, et il ajoute une *f* à *deffendre*, *deffense*. Il met toujours
une *s* au participe en *ant*, lorsqu'il suit un nom pluriel; et
c'étoit l'usage général de son temps, comme le prouve ce vers
tant cité de Boileau,

Et plus loin des laquais, l'un l'autre s'agaçants,

sans qu'il soit besoin de citer d'autres exemples. Les éditeurs
modernes ont supprimé l'*e* dans *toute*, quand ce mot est pris
pour *quoique, entièrement;* nous avons conservé l'orthographe
de Fénelon, qui a écrit constamment *toute entière, toute inter-
dite*, selon l'usage qui a persévéré presque jusqu'à nos jours;
car Wailly est peut-être le premier qui s'en soit écarté (2). Il
n'avoit peut-être pas senti qu'il faut, en général, conserver aux
écrits des auteurs réputés classiques leur physionomie contemporaine : cela sert à faire connoître les changements qu'a
subis la langue à différentes époques. Nous avons donc, pour
cela même, laissé l'*o* dans les imparfaits des verbes et dans
quelques noms, au lieu d'y substituer l'*a* introduit par Vol-

(1) Nous citerons entre autres l'édition de Didot, dans les *OEuvres de Fénelon, 1787, in-4°*; et un *Télémaque* de Lyon, 1829, 3 vol. *in-8°.*

(2) Ce grammairien eût-il dit : Eucharis fut *tout* surprise?

taire, et autorisé dernièrement par l'Académie. Quoiqu'en réimprimant Montaigne, on ne s'astreigne pas à suivre en tout l'orthographe en usage de son temps, on ne pourroit néanmoins s'empêcher de blâmer celui qui, dans une édition des *Essais*, introduiroit celle de Voltaire. Pourquoi n'auroit-on pas les mêmes égards pour les écrivains du siècle de Louis XIV ? La ponctuation a été aussi l'objet de notre attention particulière ; et nous avons corrigé quelques passages, où, en s'éloignant de celle de Fénelon, on avoit changé le sens de sa phrase.

SECTION II.

De quelques éditions faites sur les authentiques, et accompagnées de remarques ou de notes.

36. — Notre travail seroit imparfait, si nous passions sous silence les éditions du *Télémaque* faites sur les précédentes, en Hollande et ailleurs, et accompagnées de *remarques* satiriques, où l'on prétend donner la clef de ce livre, en appliquant à Louis XIV, et aux principaux personnages de sa cour, les portraits et les actions de ceux que l'auteur met en scène pour conduire sa fable.

La première de ces éditions fut publiée en 1719, à Rotterdam (1), en deux vol. in-12, par *Jean Hofhout*, libraire, qui a signé l'*Epître dédicatoire* à Guillaume-Charles-Henri prince d'Orange. Elle est ornée d'une carte géographique, et de gravures médiocres à chaque livre, et terminée par une table des matières. On se conforma, pour le texte, à l'édition de Paris 1717, et on ajouta au titre : *avec des Remarques pour l'intelligence de ce poëme allégorique*. De ces *Remarques*, dit l'*Avertissement,* « les unes sont historiques, et regardent la fable ou

____

(1) Des exemplaires portent : *A Amsterdam, chez Wetstein.*

» l'histoire ancienne ; les autres sont allégoriques, et se tirent
» des caractères particuliers de ceux que l'auteur n'a tracés
» qu'en général. » Mais ces allégories sont des allusions per-
sonnelles et *odieuses, des interprétations d'une basse malignité*,
fondées sur *des rapports imaginaires ;* et elles ont été inventées
et répandues par les *ennemis* de Fénelon, *pour empoisonner ses
intentions les plus pures.* C'est le jugement qu'en porte Ramsay
dans son *Discours.* A ces judicieuses raisons, les libraires ré-
pondent, « que c'est précisément ce qui a réveillé l'attention
» des curieux, pour trouver dans cet ouvrage des *rapports* non
» *imaginaires*, mais fondés sur des présomptions très-fortes ;
» non *pour empoisonner les intentions de l'auteur*, mais pour en
» tirer des applications conformes à la vérité : » d'où ils infè-
rent « qu'un lecteur judicieux peut découvrir ce que l'on doit
» penser de ces *Remarques ;* car, ou elles s'éloignent du but de
» l'auteur, et elles sont chimériques ; ou bien elles ont quelque
» fondement dans le bon sens, et cela suffit pour ne les pas
» rejeter. » Mais quand ils ajoutent que *les peintures* du Télémaque *ont servi de prétexte à la persécution suscitée* à l'auteur,
et qu'ils citent à l'appui ces six méchants vers, qu'on fit courir
en ce temps-là :

> Contre Cambrai de Meaux chicane ;
> Quoi ! pour des contes de Peau-d'Ane.
> Falloit-il en venir aux mains ?
> Mais Cambrai s'attire l'attaque,
> Moins pour les *Maximes des Saints,*
> Que pour celles de Télémaque ;

ils ne font que prouver leur ignorance ; car ils auroient dû savoir que le livre des *Maximes* fut condamné au mois de mars
1699, et que le *Télémaque* ne parut qu'à la fin de mai suivant (1). Quoi qu'il en soit, cette édition, qui ne passe point

(1) Cette épigramme paroît n'avoir été composée qu'à l'époque où Bossuet
fit à l'assemblée du clergé de France la relation de l'affaire du livre des

pour correcte, obtint de la vogue à cause de ces *Remarques.*
Elle fut réimprimée, avec un peu plus de correction, en 1725;
et plusieurs fois depuis, en Hollande et dans les Pays-Bas.

37. — La même année 1719, ces mêmes *Remarques* furent
reproduites dans une édition de Londres, *Tonson*, deux vol.
grand in-12, qui est aujourd'hui d'une excessive rareté. Plusieurs bibliographes en ont parlé sans l'avoir vue ; et ils en
ont parlé d'après la *Bibliothèque Britannique* (1). On lit dans
ce recueil, que Jean-Armand Dubourdieu « présida à l'édition,
» qu'il en revit le texte, qu'il y ajouta les notes (les *Remarques*
» des éditions de Hollande), et qu'il dédia le tout à Frédéric,
» (alors duc de Glocester) petit-fils de Georges Ier. » L'*Epître*
dédicatoire est en effet signée de Dubourdieu ; mais la consé-
quence qu'on a voulu tirer des soins qu'il a donnés à cette
édition, pour le faire croire auteur des notes, est tout à fait
sans fondement. Il s'exprime ainsi dans son *Avis* préliminaire :
« Comme on vient de publier en Hollande une édition de ce
» poëme accompagnée de diverses Remarques .historiques et
» allégoriques, on a jugé à propos de les joindre ici... Ce
» n'est pas qu'on les croie fort nécessaires, chaque lecteur
» pouvant y suppléer facilement de lui-même ; mais c'est afin
» qu'on ne puisse pas dire que cette nouvelle édition, d'ailleurs
» si préférable à celle de Hollande, lui cède en rien de ce que
» les libraires Hollandois ont imaginé pour faire valoir la
» leur. » De plus, en examinant cette édition, on se convainc
qu'elle étoit imprimée quand l'éditeur de Londres eut connoissance de celle de Hollande : car la page 528, où se termine
l'*Ode* à l'abbé de Langeron, a pour réclame TABLE ; et à la

Maximes, au mois de juillet 1700; mais il n'y eut alors aucun débat, et
Fénelon fut entièrement passif. Voyez les *OEuvres de Bossuet,* édition de
Versailles, tom. xxx, pag. 421 et suiv.

(1) *Bibl. Britan.* avril, mai et juin 1742; tom. xix, pag. 65. Le rédacteur se trompe en datant cette édition de 1718.

page suivante, au lieu de la *Table*, on a mis : AVERTISSEMENT *des libraires Hollandois sur ces Remarques ;* enfin à la troisième page : REMARQUES *sur le poëme de* TÉLÉMAQUE, *tirées de la dernière édition de Hollande.* Elles sont imprimées de suite, avec renvois aux pages auxquelles elles se rapportent, et remplissent 37 pages non chiffrées ; à la 38ᵉ page on a placé un *Errata* pour l'*Epître dédicatoire ;* après, vient la *Table* (1).

L'éditeur n'a point exagéré en assurant que son édition est la plus belle de celles qui ont été faites hors de France. Le portrait de Fénelon en médaillon, soutenu par deux figures allégoriques, orne le frontispice. Il est copié sur l'édition de Paris, mais mieux exécuté. On a mis au commencement une carte géographique, et en tête de chaque livre de petites vignettes gravées sur bois, représentant des allégories ou des sujets tirés du livre.

38.— Les *Remarques* dont on vient de parler sont généralement attribuées à Ph. de Limiers ; et Fr. Bruys, qui l'a connu en Hollande, en parlant, dans ses *Mémoires historiques,* de l'édition du *Télémaque* donnée en 1734 par le marquis de Fénelon, dit positivement : « M. de Limiers avoit fait un très-mau» vais commentaire sur cet excellent poëme épique (2). » Depuis,

____

(1) L'édition de Londres, J. *Brotherton,* 1732, est une réimpression, et non pas celle de 1719 *avec un titre rafraîchi,* comme le dit Barbier, *Dict. des Anon.* tom. 1ᵉʳ, pag. 108. Les *Remarques* ne sont point à la fin du livre, mais au bas des pages où se trouvent les passages correspondants.

(2) *Mém. sur les Hollandois,* tom. I, pag. 305. Bruys n'avoit pas examiné l'édition qu'il loue ; s'il eût ouvert le livre, il n'auroit pas dit qu'il est accompagné *de notes également judicieuses et instructives ;* en ajoutant, après ce qu'on a vu sur Limiers : « Il étoit juste que le neveu du célèbre archevêque » de Cambrai purgeât de ces notes satiriques un aussi bel ouvrage, et qu'il se » donnât la peine de leur en substituer d'autres qui fussent plus conformes » aux vues de l'Homère françois. » L'édition de 1734 ne renferme aucune note ; et on affirme de la manière la plus expresse, dans l'*Avertissement,* que l'ouvrage n'en a pas besoin.

quelques bibliographes (1) ont prétendu qu'elles étoient de Dubourdieu, et ils citent à l'appui de leur assertion la *Bibliothèque Britannique*. Mais l'auteur de l'article inséré dans ce recueil, loin de favoriser cette opinion, dit de ces *Remarques* : *J'en ignore absolument l'auteur* (2.)

39. — Le fond de ces odieuses allusions se trouvoit, dès 1700, dans la *Critique du Télémaque* par Gueudeville, dont nous parlerons bientôt ; et alors elles furent reçues par les gens honnêtes et sensés avec les mépris qu'elles méritoient. Ceux mêmes qui les avoient avancées, convenoient qu'elles manquoient par le fondement. Comme ils n'écrivoient que par intérêt, ils comptoient plus, pour le débit de leurs pamphlets, sur la malignité du public que sur la solidité de leurs raisons. Au reste, les libraires justifient eux-mêmes Fénelon de ces imputations calomnieuses, en déclarant, dans leur *Avertissement*, que, « comme » on découvre presque à chaque page du *Télémaque* un dessein » formé de combattre les vices et les défauts des hommes par- » tout où ils sont, et que ces vices et ces défauts doivent être » appliqués aux hommes corrompus en qui ils se trouvent ; » peut-être aussi que, dans les *Remarques*, on en fait, du moins » en quelques endroits, l'application aux personnes mêmes à » qui ils conviennent le mieux. Une énigme, ajoutent-ils, peut » convenir à diverses choses ; il est permis à tout le monde de » la deviner. Ce qui a pu faire croire que M. de Cambrai n'a » eu aucunes vues dans les tableaux de son livre, c'est que les » caractères y sont si variés, que l'on peut difficilement les ap- » pliquer tous à un même sujet. » Le rédacteur de la *Bibliothèque Britannique*, dans l'article déjà cité, démontre aussi

---

(1) *Biogr. univers.* tom. XIV et XXIV ; art. FÉNELON et LIMIERS.—*Biogr. des hommes vivants ;* Paris, *Michaud,* 1816 ; art. ADRY. — *Liste des écrits de Fénelon,* par M. Beuchot, insérée dans le *Télémaque,* édit. de Lyon 1829. (*Voyez* ci-après, n. 45.)

(2) *Bibl. Britan. ibid.* pag. 61.

combien est injurieuse à la mémoire de Fénelon, combien injuste est l'intention qu'on lui prête dans ces *Remarques;* et il
le justifie pleinement à cet égard. En même temps, pour faire
voir avec quelle gratuité on attribue aux auteurs des intentions malignes qui ne leur sont jamais venues dans l'esprit, il
rapporte ce qui est arrivé un peu après à un autre prélat, Flé-
chier, évêque de Nîmes, qu'on accusa pareillement d'avoir
voulu, dans un Mandement au sujet des calamités publiques
qui suivirent l'hiver de 1709, « reprocher à la Cour la cassation
» de l'Edit de Nantes, avec toutes les duretés qui l'avoient sui-
» vie ; Mandement qu'un ministre de La Haye avoit fait réim-
» primer avec une Préface de sa façon. » Le rédacteur se moque
à bon droit de ces suppositions absurdes, et dit que le prélat
n'y a pas entendu finesse.

40. — Enfin l'illustre et judicieux historien de Fénelon a
montré que « quand même nous n'aurions pas les preuves les
» plus certaines qu'il n'a pu avoir ni l'intention ni la pensée
» de faire la satire d'un grand roi, dans un ouvrage écrit pour
» son petit-fils, les faits mêmes résisteroient à cette supposi-
» tion (1). » Nous nous bornerons donc à extraire, du *Mémoire*
déjà cité, ce passage, où il semble que Fénelon ait voulu dé-
mentir d'avance ceux qui pourroient lui prêter des intentions
si odieuses, et si éloignées de la droiture de son âme. « Pour
» Télémaque, écrivoit-il en 1710, c'est une narration fabu-
» leuse, en forme de poëme héroïque, comme ceux d'Homère
» et de Virgile, où j'ai mis les principales instructions qui
» conviennent à un prince que sa naissance destine à régner.
» *Je l'ai fait dans un temps où j'étois charmé des marques de*
» *confiance et de bonté dont le Roi me combloit.* Il auroit fallu
» que j'eusse été non-seulement l'homme le plus ingrat, mais
» encore le plus insensé, pour y vouloir faire des portraits

____

(1) *Hist. de Fén.* tom. III, liv. IV, n. 3, 4, 5.

» satiriques et insolents. J'ai horreur de la seule pensée d'un
» tel dessein. Il est vrai que j'ai mis dans ces aventures toutes
» les vérités nécessaires pour le gouvernement, et tous les
» défauts qu'on peut avoir dans la puissance souveraine : mais
» je n'en ai marqué aucun avec une affectation qui tende à
» aucun portrait, ni caractère. Plus on lira cet ouvrage, plus
» on verra que j'ai voulu dire tout, sans peindre personne de
» suite. »

41. — Parmi les autres éditions faites en pays étrangers, et qui
sont dignes d'une attention particulière, nous nous bornerons
à en indiquer une, qui porte au frontispice : *Nouvelle édition,
corrigée, et enrichie des imitations des anciens poëtes, de nouvelles notes, et de la vie de l'auteur. Hambourg*, 1731 (1), 2 vol.
in-12. En examinant cette édition, on voit que les éditeurs
n'ont rien omis pour la rendre très-exacte. Ils confessent
même qu'ils ont fait au texte *quelques corrections dans divers
passages altérés certainement, ou par l'infidélité des copistes, ou
par la négligence des correcteurs;* et quelquefois ils ont rencontré juste. Dans leur *Avertissement*, ils relèvent les fautes de
l'édition d'Amsterdam 1725, qu'on donnoit pour très-correcte,
et de celle de Paris 1730, in-4º. Pour prouver que l'auteur
étoit né poëte, ils transcrivent à la suite un certain nombre de
vers alexandrins, qu'on trouve dans le *Télémaque*. Leur édition est enrichie de notes sur la mythologie et la géographie,

(1) Une partie des exemplaires porte la date de 1732; mais on n'a réimprimé que les titres et les pièces liminaires, dont voici les différences. On a
ajouté sur le titre, *Grecs et Latins* après *anciens poëtes*. L'Épître dédicatoire aux magistrats de Hambourg est signée des libraires, au lieu des lettres
initiales de leurs noms. On a mis ensuite, *Avis des éditeur et libraires*, au
lieu *des libraires et éditeurs*. Quelques fautes de plus sont marquées dans
l'*Errata*. Après le *Discours* de Ramsay, qui est en caractères plus serrés,
on trouve l'*Approbation du censeur de Paris*, et un *Avertissement* pour
défendre cette édition contre les libraires Wetstein et Smith d'Amsterdam,
qui l'avoient décriée dans la Gazette françoise de cette ville.

tirées en grande partie de l'édition de Hollande 1719; des passages des anciens auteurs Grecs et Latins que Fénelon paroît
avoir imités, et d'une *Table des matières*.

42. — On a attribué cette édition à David Durand, ministre
protestant de Languedoc, réfugié à Londres; et, dans une lettre
au rédacteur de la *Bibliothèque Britannique*, il avoue qu'il y a
eu quelque part. Consulté par le libraire, il lui dit qu'il con-
venoit que ce poëme fût précédé « d'une espèce de *Vie de*
» *l'auteur*, chacun étant bien aise de connoître celui dont on
» va lire l'ouvrage; qu'il falloit conserver l'*Approbation* de
» M. de Sacy, et le *Discours préliminaire* de M. de Ramsay; et
» que, par rapport à l'ouvrage même, comme ce n'étoit qu'un
» précis d'Homère et de Virgile, il étoit à propos qu'on indi-
» quât au moins les principales imitations : mais qu'il en fal-
» loit bannir toute allégorie et toute personnalité. Il me pria,
» ajoute-t-il, d'exécuter moi-même ce plan-là, de revoir le
» texte, d'en fixer les meilleures leçons, et surtout de n'oublier
» pas l'Eloge historique de l'auteur, ni les passages imités. »
Durand n'ayant guère eu qu'un mois pour exécuter son travail, il l'abandonna à l'éditeur, qu'il ne nomme point, mais dont
il loue l'exactitude. Les libraires consultèrent aussi Jean-Albert
Fabricius, « qui fournit les imitations grecques, outre diverses
» remarques de géographie, qui ne sont rien moins que com-
» munes. Ainsi les accompagnements de cette édition appar-
» tiennent à trois personnes (1). »

43. — L'*Eloge historique* de Fénelon, qu'on lit en tête, est,
comme l'on voit, de D. Durand. Outre qu'il y répond pertinem-
ment aux critiques du *Télémaque*, le témoignage qu'il y rend à
la mémoire de l'archevêque de Cambrai a d'autant plus de
poids, qu'il vient d'un homme qu'on ne peut aucunement
soupçonner de partialité et d'exagération à l'égard d'un catho-

____

(1) *Biblioth. Britan.* avril, mai, et juin 1742, tom. XIX, pag. 69.

lique et d'un évêque. Personne, que nous sachions, n'a jusqu'ici rapporté ce témoignage ; et cependant il mérite d'autant
plus d'être recueilli, qu'il détruit les imputations et les réti-
cences calomnieuses dont Voltaire (1) a essayé de flétrir la
vertu sans tache de Fénelon. Après le récit des actes de charité
que ce prélat exerçoit envers les malheureux de tout genre, surtout dans les temps où la guerre augmentoit encore les calamités,
l'auteur de l'*Éloge* ajoute : « Quelques médisants ont voulu flétrir
» cette gloire, en publiant dans le monde, que toute sa théo-
» logie n'étoit qu'un véritable déisme. Mais j'avoue qu'après
» toutes mes recherches, et l'examen sévère de tous ses écrits,
» et surtout après la lecture de sa Vie par un homme qui doit
» l'avoir bien connu (Ramsay), non-seulement je n'ai rien trouvé
» qui rendît vraisemblable l'accusation, mais j'ai même trouvé
» des raisons suffisantes pour l'anéantir, au moins dans mon
» esprit..... Il mourut comme il l'avoit toujours souhaité, sans
» bien et sans dettes ; et donna à la France, et à toutes les
» provinces d'alentour, un exemple achevé de la charité et de
» la vigilance pastorale ; et encore à présent, s'il nous est per-
» mis d'emprunter une de ses figures, *son nom est comme un*
» *parfum délicieux qui s'exhale de pays en pays chez les peuples*
» *les plus reculés* (2). »

44. — D. Durand paroît avoir seul donné ses soins à l'édition
faite à Londres, en 1745, avec les mêmes notes ; et à cette occasion, il nous apprend, ce qu'on a déjà vu dans sa lettre citée,
que les passages des auteurs Grecs, rapportés dans celle de 1731,
sont en grande partie de Fabricius ; que lui, de son côté, a
fourni les imitations ou allusions latines ; et qu'il en a ajouté,

(1) *Siècle de Louis XIV*, chap. XXXVIII.

(2) Nous citons ce passage d'après l'édition de Londres, 1745, où l'Éloge a
été réimprimé avec cette note à la fin : *A Londres, en juillet* 1731 : *retouché*
en septembre 1744.

dans cette édition, un grand nombre qui n'avoient point encore
paru, tirées surtout des auteurs tragiques. A la place des notes
mythologiques et géographiques, qu'on a supprimées en partie,
on a mis à la fin du volume un *petit Dictionnaire de mythologie et de géographie comparée, ancienne et nouvelle,* qui avoit
déjà paru dans une édition de Londres 1742; et que jusqu'à
nos jours on a réimprimé, dans cette ville, à la suite du *Télémaque.*

45. — Les imitations des anciens, tirées de l'édition de D. Durand, ont été reproduites dans un *Télémaque* imprimé à Lyon,
en 1815, 3 vol. in-8° (1). Le tome 1ᵉʳ renferme les pièces suivantes : la *Préface* de l'abbé de Saint-Rémi, moins les épigrammes et autres pièces; une *Notice sur Fénelon,* et la *Liste
chronologique de ses écrits,* par M. Beuchot; le *Discours* de
Ramsay *sur la poésie épique,* selon l'édition de 1717, et à la suite
un morceau intercalé dans l'édition de Londres; les *six livres
de l'Odyssée* qu'a traduits Fénelon, avec le *précis* des autres
donné par l'abbé de Querbeuf; enfin *les Aventures d'Aristonoüs.*
Les tomes II et III contiennent le *Télémaque,* texte de Didot,
avec les imitations, et les notes mythologiques et géographiques,
correspondantes à chaque livre, et placées à la fin des volumes.
Mais, pour les *imitations,* au lieu de donner le texte original,
on a quelquefois mis les passages traduits, surtout des auteurs
Grecs. Pour les *notes,* on n'a pas pris garde qu'elles avoient été
fort abrégées en 1745, parce que l'éditeur y a suppléé par un
Dictionnaire de mythologie, etc. comme on l'a dit ci-dessus : afin
de rendre leur édition complète, les éditeurs auroient dû y
joindre ce *Dictionnaire,* ou bien se conformer, pour les *notes,*
à l'édition de 1731. En dernier lieu viennent les *Notes critiques et*

(1) Elle est mentionnée dans la *Liste des écrits de Fénelon,* à la suite de
son article, au tome XIV de la *Biographie universelle,* publié cette année-
là. On sait que cette liste est de M Beuchot.

historiques de l'édition de 1719 (1). Quant aux *variantes* et *frag-ments* annoncés dans la *Préface des éditeurs*, on n'en trouve nulle trace. Au reste, cette édition de Lyon, que nous citons comme imprimée en 1815, n'a, de fait, été publiée qu'en 1829. La *Notice*, et la *Liste des écrits*, ont été composées à cette dernière époque, et lorsque notre édition des *OEuvres de Fénelon* étoit à peu près terminée.

46.—Mais une édition vraiment remarquable, est celle que le libraire Lefèvre publia en 1824, dans sa *Collection des Classiques Français*, 2 vol. grand in-8°. Elle est accompagnée de notes géographiques et littéraires, qui sont de M. Boissonade, littérateur distingué et savant helléniste. « Dans les premières, il a » indiqué brièvement les noms modernes des lieux dont parle » Fénelon. » Son principal objet, dans les notes littéraires, « a » été d'indiquer les passages des auteurs anciens que Fénelon a » formellement imités, ceux aussi qui offrent avec ses paroles » une ressemblance utile ou agréable à remarquer. Il a profité » du travail de l'édition citée de 1731, et quelquefois il a com-» paré des passages d'écrivains modernes, ou discuté une va-» riété de leçons, ou noté quelque négligence de style. » Il a adopté le texte et la division de l'édition de Versailles, et ne s'en est écarté qu'en trois endroits, fondé sur des raisons qui ne nous paroissent pas concluantes (2). Le libraire y a joint l'*Eloge de Fénelon*, par La Harpe, auquel il a ajouté des notes

______

(1) Voyez ci-dessus n. 36.

(2) Au livre III, page 90, adoptant la leçon introduite dans le texte par un éditeur de Gottingue 1731, M. B. veut qu'on doive mettre *Lyctien*, et non *Lydien*, parce qu'il y avoit en Crète une ville nommée *Lyctus*. Mais il s'agit ici précisément de ce que l'auteur a écrit, et non pas de le corriger par l'étymologie. Or il a écrit d'abord : « Il y avoit à Tyr un jeune *Cré-tois*, nommé Malachon ; » puis il a effacé *Crétois*, pour y substituer *Lydien*, en lettres bien formées, et sans aucune ambiguité, comme pourra s'en convaincre celui qui examinera le manuscrit, ainsi que nous l'avons

biographiques prises de toutes sortes d'auteurs. Il auroit pu se
borner à l'*Histoire de Fénelon;* car, pour ne parler que des
anecdotes empruntées au cardinal Maury, elles sont loin d'être
avérées : on sait assez, comme nous l'avons déjà remarqué, que
cet écrivain n'étoit pas fort sur l'histoire, et qu'il prenoit quelquefois ses réminiscences, ou même les rêves de son imagination, pour des réalités (1).

—

ARTICLE IV.

DES TRADUCTIONS.

Le *Télémaque* a été traduit en latin, et en d'autres langues,
surtout dans la plupart des langues modernes de l'Europe.
Nous citerons les traductions qui sont venues à notre connoissance.

47. — TRADUCTIONS LATINES EN VERS.

M. Heurtaut, professeur d'humanités en l'Université de Caen,
fit réciter dans un exercice public, au mois de septembre 1729,
les cinq premiers livres du *Télémaque,* traduits en vers latins.
Il ne paroît pas que cette traduction ait été imprimée.

Fata Telemachi. Berolini, 1743, 2 vol. in-8° ; traduction peu
estimée : l'auteur y a laissé des vers imparfaits, et des fautes de
quantité. Aussi, dans une préface de quelques lignes, demande-
t-il pardon de sa hardiesse.

Le *Mercure* de 1753 (juin, tom. II, p. 49, etc.) contient la

fait de nouveau tout exprès. Si l'auteur a oublié de faire la même substitution
de mot à la page suivante, on n'en peut rien conclure contre la première
correction ; et on ne doit pas blâmer les éditeurs, qui, depuis 1717, ont tous
mis *Lydien* au lieu de *Crétois.*

(1) Voyez ci-dessus la note, page 7.

traduction de trois morceaux du *Télémaque*, en vers latins ; la *Description de la grotte de Calypso* ; *Télémaque présenté à Sésostris*, et la *Description de Tyr*. La versification en est facile et élégante.

Le livre 1er a été traduit en vers par M. de Bologne, et imprimé dans ses *OEuvres diverses*, en 1758. En 1753, il avoit envoyé, sans se nommer, au *Journal de Verdun*, quelques vers de la dédicace, et la *Description de la grotte de Calypso* : on les inséra dans le numéro du mois d'août. Le numéro du mois d'avril précédent de ce même journal contient la même *Description*, traduite aussi en vers latins, par M. Charpentier, maître ès-arts en l'Université de Paris. Le premier livre de M. de Bologne ne se trouve pas dans l'édition de ses *OEuvres* réimprimées en 1769, à *Paris*, chez Boudet.

Ch. Le Beau, célèbre professeur de l'Université de Paris, a aussi traduit, en vers latins, trois morceaux du *Télémaque*, savoir : l'*Arrivée de Télémaque dans l'île de Calypso*, début du liv. Ier ; *Idoménée immolant son propre fils*, liv. V ; et le *récit que Philoctète fait de ses malheurs et de la mort d'Hercule*, liv. XII (ou XV.) J. F. Adry, ancien Oratorien, les a publiés pour la première fois dans le *Nouveau Supplément* qu'il a ajouté aux *OEuvres latines de Le Beau*, réimprimées en 1816 : *Paris*, Aug. Delalain, 2 vol. in-8°.

Telemach (sic) *Ulyssis filius, seu exercitatio ethica moralis, ex lingua gallica in carmen heroïcum translata, auctore Josepho Claudio Destouches, J. U. licentiato*, etc. *Monachii*, 1759, in-4°. Ce n'est qu'un abrégé en douze livres. Il a été réimprimé à Augsbourg, en 1764, in-4°.

Telemachi, Ulyssis filii, Peregrinationes ; opus epicum gallico sermone ab Archiepiscopo Cameracensi editum, nunc in latina carmina, quâ par est fidelitate, redactum, operâ Josephi et Joachimi Henriquez de Luna et Roxas, clarissimorum fratrum, in Complutensi lycœo jurisprudentiæ Professorum. Matriti, Ibarra, (absque anno) 173 pag. in-4°. Il n'y a que les six premiers livres.

Adry pense que l'impression est de 1760 ou 1775 environ. On ignore si le reste a paru.

Le *Parnasse latin moderne*, Lyon 1808, donne quelques fragments du *Télémaque*, imités en vers latins, par un anonyme. (Tome II, pag. 450 et suiv.)

Telemachiados libros XXIV *e gallico sermone in latinum carmen transtulit Stephanus* Alexandre-Viel, *Presbyter, in academia Juliacensi studiorum olim moderator. Lutetiæ, ex typis* P. Didot, 1808. 1 vol. in-12. Il fut réimprimé sous ce titre : *Telemachiada e gallico sermone,* etc. *transtulit Stephanus-Bernardus* Viel, etc. *secunda editio, emendata et accurata. Parisiis,* Delalain, 1814, in-12.

L'auteur de cette traduction, Etienne-Bernard ALEXANDRE, surnommé VIEL, et plus connu sous ce nom, naquit à la Nouvelle-Orléans, dans la Louisiane, le 30 octobre 1736. Il entra dans la congrégation de l'Oratoire, et devint grand préfet des études au collége de Juilly, où il sut se faire de ses élèves autant d'amis. Ayant quitté la France, en 1791, pour retourner dans sa patrie, il laissa en partant son manuscrit du *Télémaque* au P. Dotteville, son confrère, connu par des traductions de Salluste et de Tacite, et qui l'avoit aidé de ses conseils dans la sienne. On en doit la publication à la piété filiale et à la reconnoissance des élèves du Père Viel. « Il semble, dit le cardi-
» nal de Bausset, qu'il soit donné aux admirateurs de Fénelon,
» comme à Fénelon lui-même, de trouver toujours des amis
» fidèles et des disciples reconnoissants. C'est ce double senti-
» ment que les éditeurs ont exprimé dans une inscription la-
» tine, qui atteste tout leur attachement et toute leur re-
» connoissance pour leur respectable instituteur.

STEPHANO ALEXANDRE-VIEL,

PRESBYTERO,

IN ACADEMIA JULIACENSI

STUDIORUM OLIM MODERATORI,

HOC IPSIUS OPUS,

QUOD TYPIS MANDARI RELIGIOSÈ CURAVERUNT,

OFFEREBANT

AMANTISSIMI ET MEMORES ALUMNI

AUG. CREUZÉ DE LESSER.	J. M. E. SALVERTE.
J. B. B. EYRIÈS.	A. V. ARNAULT.
J. A. J. DURANT.	EUSEBIUS SALVERTE.

» Les éditeurs nous font connoître le Père Alexandre-Viel » sous les rapports les plus attachants, et qui expliquent com- » ment leur reconnoissance a survécu aux terribles événements » qui les ont séparés depuis dix-sept ans d'un maître chéri. » Ils mirent à la tête un Avertissement, où M. Eusèbe Salverte, l'un d'eux, rend un compte succinct des essais et des deux traduc- tions complètes du *Télémaque* en vers latins, mentionnées ci- dessus.

Celle du P. Viel fut bien accueillie des gens de lettres. L'au- teur, étant repassé en France, s'occupa de la revoir, et donna ses soins à la seconde édition, qu'il dédia à ces mêmes élèves qui avoient publié la première. Il conserva l'avertissement qu'ils y avoient mis, et en joignit un autre où il expose les rai- sons qui lui ont fait entreprendre ce travail, et les règles qu'il y a suivies. Cet estimable littérateur a terminé sa carrière au collége de Juilly, le 16 octobre 1821, à l'âge de quatre-vingt- cinq ans presque accomplis.

Le premier livre du *Télémaque*, traduit en vers latins par J. M. J. Bouddelt, a été imprimé à Toulouse en 1824, in-12.

Il existe à la bibliothèque publique de la ville de Rouen (mss. O. 25.) une traduction manuscrite du *Télémaque* en vers latins, sous ce titre : *Telemachidis libri decem*. Elle forme un volume petit in-4°, qui a été écrit au commencement du XVIIIe siècle. La division en dix livres, et l'histoire d'Œdipe, dans la description des armes de Télémaque, montrent que cette traduction a été faite sur quelqu'une des éditions qui

ont paru de 1699 à 1717. Il n'y a rien au titre qui en indique
l'auteur; mais on lit, répétés deux fois, sur les gardes du volume, ces mots : *Ex operibus Joannis-Baptistæ de Boissière.*
Doit-on considérer cette note comme une indication du nom
de l'auteur, ou simplement comme un titre de propriété,
c'est ce que nous ne déciderons pas. Du reste, cette traduction, qui ne comporte pas moins de quatorze mille cinq cents
vers, paroît fort médiocre, ainsi qu'on peut s'en convaincre
par la lecture du commencement du premier livre, que nous
donnons ici.

> Ipse canam Superumque manus, juvenisque labores,
> Oraque ficta senis, faciem celante Minervâ.
> Carminis optatum referes mihi, Musa, decorem.
>   Mœsto per æquoreas ibi sola vagatur arenas,
> Et fusa in fletus amissum luget Ulyssem
> Calypso, nec habent sævi solatia luctus.
> Immortale decus pœnæ tormenta voracis
> Auget, et æternæ crudelia tempora vitæ.
> Nec domus assueti resonabat murmure cantùs,
> Cujus ad auditum gaudebant sistere pisces,
> Quo sedabantur, durissima corda, leones,
> Saxaque mota loco cedebant ; descrit illa
> Jucundas cunctis sedes tristissima semper
> Calypso, postquam sua regna deserit Ulysses ;
> Nec comites audent tam longa silentia Nymphæ
> Rumpere. Sæpe errat deserto in littore sola ;
> Multa movens animo viridanti in cespite stabat,
> Quem flores ornant, quem lilia odora coronant,
> Ver ubi principium non sumit, quo viget æstas
> Æterna, et fructus aut omni tempore abundant.

TRADUCTIONS EN PROSE LATINE :

Fr. de Salignac Fata Telemachi, filii Ulyssis. Ulmæ, 1755,
petit in-8°, imprimé à deux colonnes, le françois en italique, et le
latin en romain. Cette édition est bien exécutée, et assez rare.
La traduction est de Grégoire Trautwein, Chanoine régulier;
on l'annonce comme une nouvelle édition : la première paroît

avoir été imprimée à Francfort, sans date d'année. La même traduction a été réimprimée à Stuttgard, en 1758, et depuis dans d'autres villes. Elle le fut à Vienne, en 1807, avec des changements qui ne la rendent pas meilleure.

Autre traduction avec le texte françois en regard, par *L, N. T.* D. B. (De Bussy), *ancien instituteur.* Paris, Delalain, 1819; 2 vol. in-12.

48. — TRADUCTIONS EN GREC VULGAIRE ET EN ARMÉNIEN :

TYXAI THAEMAXOY, *Les Aventures de Télémaque, fils d'U-lysse,* ou *Suite du quatrième livre de l'Odyssée d'Homère, en dix livres; ouvrage composé en langue françoise, par le très-sacré* François Salignac; *traduit pour la première fois en grec vul-gaire, par* A. S. *dédié au très-noble et très-savant seigneur, le seigneur* Athanase Karaïoanni; *et imprimé à Venise, 1742, chez* Antoine Bortoli; 2 vol. in-8°.

A la tête du premier volume se trouve la dédicace du traducteur, ainsi qu'un avis au lecteur, contenant l'éloge de Fénelon et de son livre. Cette traduction a été faite sur une édition antérieure à 1717; aussi n'est-elle divisée qu'en dix livres. Nous avons en main une lettre du P. Joseph, directeur des Ursulines de Crépy, écrite à l'abbé Gallard, dans le temps où celui-ci préparoit l'édition des *OEuvres de Fénelon.* Ce reli-gieux lui envoie une traduction de la dédicace et de l'avertis-sement du *Télémaque* grec, et lui apprend en même temps que *le gros de la nation Grecque croit le* Télémaque *fait par Homère, ou par quelque savant Grec qui a voulu continuer l'Odyssée.* Nous ne sommes pas garants de cette assertion. Il est certain qu'aujourd'hui les Grecs savent très-bien que le *Télé-maque* a pour auteur un évêque François, qui l'a composé pour l'éducation du fils d'un Roi de France.

Il existe une autre traduction, dans la même langue, par Démétrius–Panagiotis Gowdelaas, savant Grec de Thessalie. *Pest* ou *Bude,* 1801, 2 vol. in-8°, fig.

En *arménien littéral*, par Dr. Manuel Dchakhdchakian. *Venise*, imprimerie de S. Lazare, 1826, grand in-8°.

49. — TRADUCTIONS EN LANGUES MODERNES D'EUROPE.

1° En *italien*. — Traductions en prose.

Gli Avvenimenti di Telemaco, tradotti per B. D. Moretti. Cette traduction parut à Leyde, en 1702, in-12; elle fut réimprimée dans la même ville, en 1704; puis en 1719, avec les additions et corrections, et plusieurs fois depuis.

Autre, par un anonyme. *Venise, Savioni*, 1729, in-12; et 1768, 2 vol. in 12.

Autre, par J. B. de Pagani. *Francfort-sur-le-Mein*, 1760, 2 vol. in-8°; réimprimée à Vienne, en 1807.

Autre, *Paris*, 1767, 2 vol. in-12.

Autre traduction, avec des notes, *Naples, Gravier*, 1768, 2 vol. in-8°.

Traductions en vers. — *Il Telemaco, in ottava rima*, da Flaminio Scarselli. *Roma*, 1742, 2 vol. in-4°; réimprimé en 1747, et à *Venise*, en 1748, 2 vol. in-8°.

Autre traduction, *in verso sciollo*, avec des notes; par Fr. Herman. *Venise, Bettinelli;* 1749, in-12.

Autre traduction, par Jérôme Polcastro, 1795, 3 vol. in-8°.

2° En *espagnol*.

Aventuras de Telemaco, hijo de Ulysses, por el arcobispo de Cambrai. En La Haya, Moeljens, 1713, in-12.

Autre. *Paris*, 1733, 2 vol. in-12; nouvelle édition : *En Amberes* (Lyon), 1756, 2 vol. in-12.

Autre, imprimée vers 1780, 2 vol. in-8°, précédée d'un Discours préliminaire sur le mérite du *Télémaque*.

3° En *allemand*.

Traductions en prose, anonymes. — *Breslau*, 1722, in-8°; *Francfort*, 1745, 2 vol. in-8°.—Par L. Von-Faramond; 1733, in-8°; réimprimée à *Francfort* et *Leipzig*, 1756, 2 vol. in-8°.

Autre, anonyme. *Ulm*, 1771, 2 vol. in-8°. On donne, à la

suite, des morceaux imités en vers allemands, et des essais de traduction, tant en prose latine qu'en grec littéral.

Traduction en vers ; par Benj. Neukirch. *Onoltzbach* ou *Anspach*, 1727 et 1739, 3 parties in-fol. Réimprimée à *Nuremberg*, en 1751, in-8°; à *Francfort* et *Leipzig*, en 1756 et en 1766, 2 vol. in-8°.

4° En *anglois*.

Traductions en prose. — Par Desmaiseaux. *Londres*, 1719, in-4°; 1755, 2 vol. in-12, avec le texte ; souvent réimprimée depuis.

Autre, par Littlebury et Boyer. *Dublin*, 1725, in-12 ; et *Iéna*, 1749, in-12.

Autre, anonyme. *Londres*, 1754, in-12.

Autre, par Hawkesworth. *Londres*, 1776, 2 vol. in-12.

Traduction en vers ; par lady Barrel. 1794 (1).

5° En *flamand*.

Traduction en prose ; par D. Ghiis. *Utrecht*, 1700, in-8°.

Autre, par un anonyme. *Amsterdam*, 1715, in-8°.

6° En *hollandois*.

Traduction en vers, fort estimée; par Sibrand Feitama. *Amsterdam*, 1733, in 4°; seconde édition, retouchée, 1763.

Traduction en prose ; par Isaac Verbury. *Amsterdam*, 1770, 2 vol. in-8°.

7° En *polonois*.

Traduction en prose. *Leipzig*, 1750. Il y a des éditions antérieures.

8° En *russe*.

Traduction en prose, faite par ordre de l'impératrice Elisabeth. *Pétersbourg*, 1747, in-8°.

9° En *suédois*.

Traduction en prose, *Stockolm*, 1721, in-4°.

____

(1) *Magaz. encyclopéd.* v° année, tom. ii, pag. 509.

50. — TÉLÉMAQUES POLYGLOTTES.

Essai d'un Télémaque polyglotte ; ou *les Aventures du fils d'Ulysse, publiées en langues françoise, grecque-moderne, arménienne, italienne, espagnole, portugaise, angloise, allemande, hollandoise, russe, polonoise, illyrienne ;* avec une traduction en vers grecs et latins; par l'éditeur. *Paris,* 1812. Ce n'est qu'un prospectus, publié par M. Fleury l'Ecluse. « Il n'est pas à croire, » dit la Biographie universelle, (*art.* FÉNELON) que cette entre- » prise gigantesque puisse s'exécuter. »

TÉLÉMAQUE POLYGLOTTE, *contenant les six langues européennes les plus usitées : le françois, l'anglois, l'allemand, l'italien, l'espagnol et le portugais.* Paris, *Baudry,* 1837 ; un vol. in-4° oblong. Le texte est celui des éditions en vingt-quatre livres. Pour les traductions, le libraire a choisi celles qu'on réimprime communément parmi les anciennes, et il en a fait en même temps des éditions séparées in-12. Chaque page de ce *Télémaque* est divisée en trois colonnes, qui contiennent chacune une langue, de sorte que l'on a les six textes à la fois sous les yeux.

51.— TRADUCTIONS EN VERS FRANÇOIS.

Traduction complète, par J. E. Hardouin ; avec le texte en regard, et les imitations tirées de l'édition de Hambourg, 1731. *Paris,* Didot l'aîné, 1792 et 1793, 6 vol. in-12.

Autre traduction complète, par Nicolas Bugnet. 1797, in-4°.

Autre traduction, par P. N. Lemarchant, ancien conseiller à la Cour des aides de Paris. *Paris,* 1825, 2 vol. in-8°. L'auteur, dans sa préface, se fait gloire d'avoir été disciple du P. Viel.

Malfilâtre avoit traduit les deux premiers livres : il n'en reste que les trente premiers vers, imprimés dans le *Journal françois,* 1777, n. 17.

Le septième livre ; *Paris,* 1777, in-8°; et le premier, en 1778 ; par M. Pelletier.

Le premier livre, traduit par M. Bouriaud aîné, ancien professeur aux écoles centrales. *Limoges*, 1814, in-8°.

Le même traducteur a publié, depuis, les trois premiers livres
seulement, sous ce titre : *La Télémaquéide, ou les Aventures de
Télémaque traduites en vers françois*. Paris, 1823, in-8°.

Le troisième livre; par un anonyme. *Tarbes*, 1815 : il paroît
que le même auteur avoit donné auparavant les deux premiers
livres.

Les sept premiers livres, par Gamon. *Vevay*, 1817.

*Aventures de Télémaque, poëme imité de Fénelon, divisé en
vingt-quatre chants, par le chevalier de Baptendier.* Manuscrit
in-fol. daté de 1764, qui se trouvoit dans la bibliothèque de
Savoye, ancien libraire de Paris, et qui fut vendu avec ses livres
en 1828.

Jean Camille Duband, curé d'Epiais, près Louvres en Parisis,
a mis le *Télémaque* en vers, ou plutôt en rimes, et l'a divisé en
cinquante-six chants. L'ayant recopié lui-même, en 1765, il le
présenta à Louis XVI, alors duc de Berri, à son passage à
Louvres, au retour d'un voyage de Compiègne. Il y a mis pour
épigraphe ces deux vers d'Horace, (*Ep.* 2, l. 1.) :

> Qui, quid sit pulchrum, quid turpe, quid utile, quid non,
> Planiùs ac meliùs Chrysippo et Crantore dicit;

qu'il traduit ainsi :

> Le seul beau, le seul vrai, l'utile, le frivole,
> Il le démontre mieux que la plus docte école.

Le *versificateur*, c'est le nom qu'il se donne, y a joint son
épitaphe, datée du 17 août 1765, et composée par lui-même :
elle fait juger qu'il avoit ruiné sa santé par ce long travail.

> Je rimai Télémaque ; il m'en coûta la vie :
> Ce fut encor trop peu pour ma chère patrie.

Ces deux échantillons suffisent pour apprécier le talent poétique de ce bon curé. Il auroit pu certainement employer d'une manière plus utile les loisirs que lui laissoit l'exercice du ministère pastoral. Son manuscrit, relié en cinq volumes in-4°, a été acheté à la vente des livres de M. Boulard, ancien notaire, pour la bibliothèque de la ville de Paris, où il se trouve maintenant.

Nous nous abstiendrons de parler des autres ouvrages composés à l'instar du *Télémaque,* ou pour y faire suite. Tous sont restés bien loin de leur modèle. D'ailleurs ce détail seroit ici un hors-d'œuvre, et nous feroit sortir de notre plan.

—

ARTICLE V.

DES CRITIQUES.

52. — Personne ne doit s'étonner qu'on ait critiqué le *Télémaque,* puisque nous avons vu Fénelon lui-même reconnoître qu'*il y auroit beaucoup à corriger.* Quelques mois seulement après que ce livre eut paru, un homme d'un goût sûr, capable d'en apprécier et les beautés et les défauts, Boileau, le législateur du Parnasse, qui ne connoissoit que les éditions tronquées qu'on débitoit alors, en écrivoit ainsi à son ami Brossette (1) :

« Vous m'avez fait un fort grand plaisir en m'envoyant le
» Télémaque de M. de Cambrai. Il y a de l'agrément dans ce
» livre, et une imitation de l'Odyssée que j'approuve fort. L'a-
» vidité avec laquelle on le lit, fait bien voir que si on tradui-
» soit Homère en beaux mots, il feroit l'effet qu'il doit faire, et

(1) Lettre du 10 novembre 1699 : *OEuvres de Boileau; Paris*, Blaise, 1821 : tom. IV, pag. 345.

» qu'il a toujours fait. Je souhaiterois que M. de Cambrai eût
» rendu son Mentor un peu moins prédicateur, et que la morale
» fût répandue dans son ouvrage un peu plus impercepti-
» blement, et avec plus d'art. Homère est plus instructif que
» lui ; mais ses instructions ne paroissent point préceptes, et
» résultent de l'action du roman, plutôt que des discours qu'on
» y étale. Ulysse, par ce qu'il fait, nous enseigne mieux ce qu'il
» faut faire, que par tout ce que lui ni Minerve disent. La
» vérité est pourtant que le Mentor du Télémaque dit de
» fort bonnes choses, quoique un peu hardies, et qu'enfin
» M. de Cambrai me paroît beaucoup meilleur POÉTE que théo-
» logien (1). »

53. — Bayle, dans sa Correspondance, nous fait connoître ce
qu'on pensoit en Hollande du *Télémaque,* à l'époque où il parut.
« Moetjens, dit-il (2), vient de nous donner le second tome des
» *Aventures de Télémaque :* il y a quelques vides à remplir...
» On trouve beaucoup de beautés dans cet ouvrage : cependant
» quelques-uns de nos connoisseurs n'y en trouvent pas autant
» que dans le premier volume. Bien des gens ont peine à se
» persuader qu'il soit de M. de Cambrai. » Trois mois après,
il écrivoit à milord Ashley (3) : « Il est certain que c'est un ou-
» vrage de l'archevêque de Cambrai, et qu'il a donné pour
» thèmes à son disciple, le Duc de Bourgogne, les principales
» réflexions qui se trouvent dans ce livre. On fait grand cas de
» cet écrit : on trouve que le style en est vif, heureux, beau ; le
» tour des fictions bien imaginé, etc. Mais, sans doute, ce qui a
» le plus contribué au grand succès de la pièce, est que l'auteur
» y parle selon le goût des peuples, et principalement des peu-
» ples qui, comme la France, ont le plus senti les mauvaises
» suites de la puissance arbitraire, qu'il a touchées, et bien ex-

____

(1) Boileau fait ici allusion au livre des *Maximes des Saints,* qui avoit été
condamné cette même année.

(2) Lettre 234, 17 août 1699. — (3) Lettre 239, 23 novembre.

» posées. » Au reste, Bayle avoue qu'il n'a lu ni le *Télémaque*,
ni aucun des écrits pour et contre (1).

Nous n'avons point feuilleté les autres correspondances de ce
temps-là, pour recueillir les divers jugements qu'on porta sur
le *Télémaque* lorsqu'il parut : c'eût été trop embrasser. Nous
nous bornons à une mention briève des *Critiques* imprimées,
en rapportant le titre et la date de chacune, avec d'autant plus
de soin, que plusieurs de ceux qui en ont parlé ont manqué
d'exactitude sur ce point.

54. — *Six Lettres écrites à un ami, sur le sujet des nouvelles*
Avantures de Télémaque. 103 pages *in*-12, sans lieu d'impression, ni année. La première lettre est datée du 30 novembre
1699, et la dernière du 16 février 1700.

La censure du critique s'exerce tant sur le plan, les épisodes,
les caractères des personnages, la politique, que sur le style
du *Télémaque*. Ses remarques, quoique sévères, sont souvent
assez justes. Il s'appesantit trop sur ce que l'ouvrage, étant
annoncé comme une suite du quatrième livre de l'Odyssée,
n'a pas assez de liaison avec ce poëme ; mais ici il a été trompé
par le titre que les libraires ont ajouté : car Fénelon n'avoit
pas dessein de continuer Homère. Toutefois il rend justice à
son mérite. « Si l'auteur, dit-il (2), s'étoit proposé de don-
» ner son livre au public, nous aurions pu l'avoir dans une
» plus grande perfection. Mais comme c'étoit un projet qui
» devoit faire l'amusement de son prince, dans son cabinet
» d'étude, pendant ses jeunes années, l'auteur n'a pas cru qu'il
» en fallût regarder de si près toutes les parties. Il ne s'est pas
» attaché à toutes les règles de la vraisemblance,..... à la jus-
» tesse des expressions ; en un mot, il n'a pas eu tous les égards
» d'un auteur qui veut exposer son ouvrage au grand jour. Ce
» sont des bagatelles, où n'a pas cru devoir s'arrêter *un homme*

(1) Lettre 272, à Marais, 6 mars 1702.
(2) *Lettre* ɪʳᵉ, pag. 6.

» *qui avoit l'idée remplie de tout ce que les vertus morales et*
» *politiques semblent avoir de plus élevé.* »

55. — *Critique générale des* Avantures de Télémaque. *Cologne,*
chez les héritiers de Pierre Marteau, 1700 : 87 pages *in*-12. La
quatrième édition, 1701, en plus petits caractères, n'a que 70
pages.

L'auteur de cette *Critique* est Nicolas Gueudeville, fils d'un
médecin de Rouen, qui, d'abord Bénédictin, se fit ensuite
Calviniste en Hollande, où il s'étoit retiré et marié, et où il
mourut dans la misère en 1720. Il publia successivement les
autres parties de sa *Critique,* en les partageant selon la distri-
bution des volumes du *Télémaque* de Moetjens. Ce libraire paroît
avoir fait imprimer la *Critique* en même temps que le *Télémaque;* car c'est le même format, le même caractère et le
même papier dans les deux ouvrages. Voici l'ordre des différentes parties :

Critique du premier tome des Avantures de Télémaque. *Cologne,*1700 : 154 pages, et un *Errata.* La troisième édition, publiée
en 1702, n'a que 127 pages.

Critique du second tome des Avantures de Télémaque, etc.
Le volume finit à la page 303. (La troisième édition, 1702, n'a
que 248 pages.)

Critique de la Suite du second tome, etc. Ces deux parties ont
une même suite de pages ; en tout 444.

Critique de la première et seconde Suite du tome second des
Avantures de Télémaque. 406 pages.

Ces cinq parties sont ordinairement reliées en deux volumes.
Il paroît qu'elles eurent d'abord quelque vogue, puisqu'on en
fit de suite plusieurs éditions. Gueudeville finissoit la dernière
partie par cette phrase : « En voici bien assez tout d'une ha-
» leine ; c'est tout ce que vous aurez jusqu'à l'examen du
» troisième et dernier tome. » Il tint parole en publiant, deux
ans après, le volume suivant :

Le Critique ressuscité, ou fin de la Critique des Avantures de Télémaque, *où l'on voit le véritable portrait des bons et des mauvais rois.* Cologne, etc. 1702. 200 pages, plus petit caractère : réimprimé en 1704. Il termine ainsi cette dernière partie : « Au fond, j'admire le livre plus que personne, et je vénère » encore plus l'auteur. »

Cette suite de *Critiques* contient quelques bonnes observations, dont Fénelon peut avoir profité ; car il a corrigé, depuis, plusieurs endroits que le critique avoit censurés. Le reste n'est qu'un ramas de mauvaises plaisanteries et de froides déclamations, qu'on reprochoit à l'auteur dès 1701 ; et lui-même en tombe d'accord, lorsqu'il dit (1) : « Je conviens aisément que ce » petit ouvrage, qui n'est qu'un tissu de remarques satiriques » et outrées, choque l'esprit d'un lecteur délicat, par la con-» fusion et le galimatias qu'il n'est pas difficile d'y apercevoir. » On y trouve des termes ambigus, des phrases louches, des » expressions triviales ; en un mot, c'est un visage difforme de » soi-même, et qui offre des taches qui le rendent encore plus » dégoûtant. »

Il eût pu ajouter, avec autant de vérité, qu'il est plein de contradictions, et qu'il y avance, à tort ou à raison, le pour et le contre sur les mêmes matières. Ainsi, aux marques de vénération et aux louanges sans mesure qu'il donne à Fénelon, il mêle parfois bien des sarcasmes. Ainsi, il fait tantôt un éloge pompeux de Louis XIV et de son gouvernement ; tantôt et plus souvent il cherche à rabaisser ce monarque, le dénigre grossièrement, et blâme avec une ironie amère les actes les plus louables de son administration. Il s'acharne surtout contre madame de Maintenon, et il la voit désignée dans une foule de passages ; il veut qu'elle ait été *l'âme et le mobile du gouvernement,* et va jusqu'à l'appeler *furie* (2). Il réserve toute son ad-

____

(1) *Critique du second tome,* pag. 5, 3ᵉ édit.

(2) *Critique du premier tome,* pag. 119.

miration pour les réfugiés qui l'avoient accueilli en Hollande ; et, remontant à une époque plus ancienne que celle où il écrivoit, il remarque, à l'occasion de la mort tragique de Pygmalion, que « cela est conforme à la justice des dieux, que cela » cadre avec l'expérience, qui nous fait voir quatre morts tant » avancées que tragiques dans la famille d'un roi persécuteur, » qui avoit laissé en héritage ce cruel esprit à ses descen- » dants. » On reconnoîtra aisément, dans ce passage, Henri II et ses trois fils, dont pourtant Louis XIV ne descendoit pas. Son héros favori est Guillaume, roi d'Angleterre, qu'il présente comme le modèle des princes. Aussi ne manque-t-il point, à l'occasion, de tomber sur Jacques II, que, selon lui, Fénelon a eu souvent en vue dans la personne d'Idoménée. Enfin sa critique est remplie de principes anti-monarchiques, et de maximes destructives de toute subordination.

56. — On fit à Gueudeville, dès l'année 1700, une fort bonne réponse, sous ce titre : *Lettre de M. l'abbé de G**** à un de ses amis, sur la* Critique générale *des Avantures de Télémaque*. Elle a 40 pages *in-8°*. Gueudeville en parle dans sa *Critique du second tome* (1) : « Je souhaiterois, dit-il, un meilleur apo- » logiste à l'incomparable prélat dont il entreprend la défense » assez mal à propos. Je l'ai déjà dit en plusieurs endroits (2), » et je le répète encore une fois pour toutes, j'ai une profonde » vénération pour M. l'archevêque de Cambrai : ce digne » homme est assurément un des premiers de nos jours. Je dis » bien plus : c'est que je ne crois point que personne au » monde admire plus que moi les beautés de son *Télémaque*, » s'il est vrai que cet ouvrage soit sorti de sa fine, naturelle,

(1) Troisième édition, pag. 113.

(2) Il avoit dit, dans sa *Critique générale* : « Ce n'est point ce grand arche- » vêque qui est l'auteur du *Télémaque* ; et si j'avois autant de facilité pour » écrire, que j'ai de vénération pour son mérite, j'entreprendrois hautement » sa défense, et je ferois son apologie. »

» ingénieuse et savante plume. Pourquoi donc le critiquer ?
» J'attaque simplement le ridicule d'une prose versifiée ; et je
» ne donne aucune atteinte au mérite, aux belles idées, et à la
» solide morale de l'auteur. »

57. — *La* TÉLÉMACOMANIE, *ou la Censure et critique du roman
intitulé :* les Avantures de Télémaque, fils d'Ulysse. *A Eleutérople, chez Pierre Philalethe.* (A la ville de la liberté, chez l'ami
de la vérité ; vraisemblablement Rouen.) 1700 : 477 pages *in*-12 ;
et de plus, un *Avis au lecteur*, de 23 pages, avec un *Errata* au
verso. Ce livre fut réimprimé la même année, avec cette différence que l'*Avis* finit à la page xxiv, et l'*Errata* est supprimé.
Il a pour auteur Pierre-Valentin Faydit, prêtre, de Riom en
Auvergne (1).

Il débute ainsi, dans son *Avis au lecteur :* « Le profond res-
» pect et la haute estime que j'ai toujours eus pour le grand
» homme que la voix publique fait auteur de *Télémaque,* m'a-
» voient fait prendre une ferme résolution de supprimer et de
» jeter au feu la critique que j'avois faite de ce livre. Le véné-
» ration due à son caractère m'auroit toute seule déterminé à
» lui faire ce sacrifice, quand bien même ses vertus person-
» nelles, et cette soumission si édifiante qu'il a faite depuis peu
» aux décrets du saint Siége, n'auroient pas ajouté un nouveau
» lustre à sa dignité. Mais, ajoute-t-il, l'injustice de mes en-
» nemis, qui ont fait courir le bruit que la *Critique* brutale et
» séditieuse, qui a paru contre le même livre (2), venoit de

(1) Le même auteur avoit publié, en 1699, *Le Télémaque spirituel, ou le
Roman mystique sur l'amour divin et sur l'amour naturel, condamné par
N. S. P. le Pape,..... dans le livre intitulé :* Explication des Maximes des
Saints, etc. 84 pag. *in*-12. Il y témoigne son admiration pour la prompte
soumission de Fénelon au jugement du saint Siége. Mais comme il étoit très-
peu au courant de la controverse du Quiétisme, il n'en donne que des idées
superficielles et inexactes.

(2) Gueudeville, attaqué par ces paroles, termine ainsi une longue diatribe

» moi ;..... et la malice du Gazetier de Hollande, qui attribue
» mon exil en Auvergne à la composition de cet infâme et
» scandaleux libelle, m'ont fait enfin consentir, quoique mal-
» gré moi, que la mienne fût imprimée. »

Dans la première partie de sa critique, enchérissant sur les
éloges qu'on vient de lire, il loue encore, dans Fénelon, « ses
» aumônes, son désintéressement, sa douceur pastorale, son
» exactitude à remplir ses devoirs, sa pauvreté et sa modestie
» au milieu des plus grandes richesses et des plus grands hon-
» neurs. » Mais bientôt après, supposant que ce prélat a écrit
le livre depuis son élévation à l'épiscopat, et que c'est lui-
même qui l'a mis au jour, il prononce « que M. de Cambrai a
» plus offensé Dieu, et fait plus de mal en composant son *Télé-*
» *maque,* qu'en composant ses *Maximes des Saints;* » et il en-
tasse les exemples et les autorités, pour prouver qu'il faudroit
l'anathématiser, et même le chasser de son église.

Dans la deuxième partie, il juge l'ouvrage comme si l'auteur
avoit eu dessein d'écrire une histoire ; et partant de là, il accu-
mule un énorme fatras de passages des auteurs Grecs et Latins,
ramassés sans discernement et sans ordre, cités souvent hors de
propos, et entremêlés d'anecdotes plus que bizarres, pour montrer que le *Télémaque* est plein d'anachronismes, et de graves
erreurs contre la géographie et l'histoire. Et pour assaisonner
sa critique, il laisse couler de sa plume les mots de *grand igno-*
rant, impertinent, qui n'a pas une once de sens commun, Iro-

contre Faydit et son livre : « Il faut bien que ce pauvre homme soit soup-
» çonné d'être un esprit brutal, séditieux et infâme, puisqu'il avoue lui-
» même qu'il n'a publié sa *Télémacomanie,* que pour assurer sa réputation
» contre le sentiment du public qui lui attribuoit ces trois mauvaises quali-
» tés. » (*Crit. de la* 1ʳᵉ *et* 2ᵉ *Suite de Télémaque,* pag. 276.) « Les honnêtes
» gens se divertirent, dit la *Bibliothèque Britannique* (p. 65) déjà citée,
» comme on se divertissoit autrefois à Rome à voir de vils gladiateurs se
» porter l'un à l'autre des coups sanglants. »

quois, Goth, etc. auxquels viennent s'unir les termes gracieux
de *fatuité, sottise, absurdité, pauvreté d'esprit.*

58. — Aussi un critique judicieux (1), qui s'est amusé à relever ces gentillesses de Faydit, et les nombreuses bévues sur
la chronologie et l'histoire, semées dans son livre, remarque
qu'il « n'avoit que faire de chercher une *ville libre*, (allusion au
» nom d'*Eleutérople,* où le livre est dit imprimé) pour par-
» ler durement comme il a fait : dans les villes les plus libres,
» ajoute-t-il, on aime la politesse ; et la politesse est incom-
» patible avec cette manière d'écrire. » Il montre très-bien que
Fénelon n'a prétendu « faire qu'une allégorie ; qu'il a voulu
» imprimer la morale dans l'imagination par une enveloppe
» qui la fît remarquer ; et qu'il a pris mille tours différents
» pour insinuer la sagesse, afin de ne pas rebuter les hommes
» en donnant les préceptes d'une manière sèche. » Il cite à
l'appui saint Basile, qui, approuvant qu'on fasse lire Homère aux
jeunes gens, dit que les ouvrages de ce poëte ne sont qu'une
louange continuelle de la vertu, que tout y tend à cette fin ; et
c'est aussi, ajoute-t-il, le but que M. de C. s'est proposé. Le
critique n'a pourtant pas relevé toutes les bévues de notre
érudit, entre autres celle-ci, où il avance (p. 203) « que le nom
» de *Pétilie* est inconnu à toute l'antiquité, et de l'invention
» de l'auteur du roman. » Lui, qui connoissoit si bien Virgile,
auroit dû se rappeler ce vers de l'Enéide (III, 402) :

> Parva Philoctetæ subnixa Petilia muros.

Au reste, les écrivains postérieurs ont porté le même jugement de la critique de Faydit. *C'est un chef-d'œuvre de pédan-
terie,* dit le P. Niceron (2). Et M. Boissonade (3), remarquant

(1) Jean-Pierre Rigord, antiquaire, né à Marseille en 1656, et mort en 1727,
dans sa *Critique de la Télémacomanie.* Amsterdam, 1706. 46 pag. *in-12.*
Elle étoit composée dès 1701.

(2) *Mémoires pour servir à l'histoire des Hommes illustres,* etc.
tom. XXXVIII, pag. 359.

(3) Note 1re du liv. II de *Télémaque,* pag. 33.

« qu'il y auroit une rigueur presque ridicule, et trop de pédan-
» terie, à relever, comme des fautes graves, les anachronismes
» d'un roman, ajoute : L'abbé Faydit a poussé à l'extrême, et
» pour mieux dire l'absurde, ce genre de critique, dans sa
» *Télémacomanie.* » Ce livre a pourtant été traduit en italien,
et imprimé à Venise en 1751, *in-8°.*

59. — L'abbé de Saint-Remi, dans sa *Préface* pour l'édition
du *Télémaque* de 1701, dont nous avons parlé, (n. 15) fait également remarquer les bévues grossières où étoient tombés
Gueudeville et Faydit, et le peu de cas qu'on faisoit déjà de
leurs *critiques :* « Je ne prétends pas, dit-il, justifier *Téléma-*
» *que* contre les dégoûts injustes de quelques censeurs : le
» public le justifie assez, et par l'estime qu'il fait du livre, et
» par le mépris qu'il témoigne pour la critique. Ces auteurs
» se décrient eux-mêmes en voulant se tirer de l'obscurité,
» où leur peu de mérite les a réduits malgré eux. En effet, leur
» plume seroit à jamais ignorée, s'ils n'avoient eu la har-
» diesse de se faire un si noble adversaire. Ce sont proprement
» des pygmées qui attaquent un Hercule. » Il examine ensuite
les objections des critiques plus judicieux, probablement de
l'auteur des *six Lettres,* quoiqu'il n'en fasse pas mention ; et
tâche, en y répondant, de montrer que le *Télémaque a toute la
perfection qu'on peut demander.*

60. — Pour achever de rendre ridicules ces deux critiques,
qui avoient commencé à se décrier eux-mêmes, par les injures
qu'ils s'étoient dites réciproquement, il mit à la suite de sa
Préface ces deux épigrammes ; la première est *contre l'auteur
de la Télémacomanie :*

Qu'une ame tendre et pieuse,
Dans l'excès de son zèle un peu trop scrupuleuse,
S'alarme sans sujet d'un fabuleux écrit ;
Je pardonne à ce foible esprit.
Mais je ne puis souffrir le scrupule bizarre

Que forme un libertin, d'un feint zèle emporté,
    Et dont on vient à Saint-Lazare (1)
    De châtier l'impiété.
    A peine en sort-il, qu'il attaque
    Le sage auteur de Télémaque ;
    Et fait si bien, par ses raisons,
Qu'il va de Saint-Lazare aux Petites-Maisons.

L'autre, dirigée contre tous les deux, est d'un poëte nommé Térond, réfugié en Hollande ; il l'intitula : *Le Différend terminé entre les deux auteurs qui ont critiqué* Télémaque.

Gueudeville et Faydit, ces critiques fameux,
Qui contre Télémaque ont fait mainte satire,
    Depuis naguère ont un débat entre eux.
Votre style plaisant, dit l'un, est ennuyeux :
Le vôtre, répond l'autre, est d'un pédant crasseux.
        Qui l'auroit jamais osé dire ?
Ils ont trouvé moyen d'avoir raison tous deux.

61.— *Conversation sur le livre de* Télémaque. 18 pages petit *in*-12 ; sans titre et sans date.

C'est plutôt un éloge qu'une critique. Les interlocuteurs sont une princesse, désignée par les lettres S. C. D. B. E. D. B. et le jeune prince son fils, âgé de douze ans. Elle lui demande s'il a lu les *Aventures de Télémaque.* Sur sa réponse, qu'il a entendu dire beaucoup de bien de ce livre, elle l'engage à le lire ; non une fois ni deux, mais à le repasser cent fois, et à considérer avec attention les caractères qui y sont tracés, pour se former sur le modèle de Télémaque ; pour apprendre de Sésostris, combien un prince est heureux quand il est aimé

____

(1) Faydit avoit été renfermé à Saint-Lazare, pour un traité sur la Trinité, qu'il publia en 1696, sous ce titre : *Altération du dogme théologique par la philosophie d'Aristote*, et dans lequel on l'accusa de favoriser le trithéisme. Il fut ensuite exilé à Riom, sa patrie, où il mourut en 1709.

de ses sujets; et de Pygmalion, ce qui rend un prince odieux
à ceux qui vivent sous sa domination. Le reste est dans le
même goût. Après que le jeune prince a rendu compte à sa
mère de l'impression qu'avoit faite sur lui la lecture du *Télémaque*, la princesse l'exhorte à graver dans son esprit les conseils de Mentor, pour en faire la règle de sa conduite. Il est
facile de lever le voile qui couvre les personnages entre lesquels
est supposée cette *Conversation*. Comme le lieu qu'on lui as-
signe est *une maison de plaisance bâtie sur les bords de la Sprée,
à une lieue de Berlin,* les lettres initiales, citées plus haut, ne
peuvent convenir qu'à *Sophie-Charlotte de Brunswick, électrice
de Brandebourg.* Le jeune prince, âgé de douze ans, est Fré-
déric-Guillaume, fils de cette princesse et de Frédéric électeur
de Brandebourg. Il étoit né en 1688 ; ce qui fixe la date de la
Conversation à l'année 1700. On ne peut non plus la mettre
plus tard, parce que Frédéric ayant été proclamé roi de Prusse
en janvier 1701, sa femme seroit qualifiée de reine.

62. — Parmi les journaux qui rendirent compte du *Télémaque*, lorsqu'il parut, nous citerons l'*Histoire des ouvrages
des savants*, par Basnage de Beauval, Juin 1699 : les *Mémoires
de Trévoux*, Mai 1717; et le *Mercure* du mois de juin de la
même année, où l'abbé Trublet inséra une critique de cet ouvrage, qui fut ensuite réimprimée dans le tome XIX du *Choix
des Mercures*. Cette critique est assez sévère ; mais quelque
talent qu'eût l'abbé Trublet, il est permis de lui disputer sa
compétence. Trop jeune (1) encore, il n'avoit point le goût
assez exercé pour juger le *Télémaque*, et en relever les défauts. On sait d'ailleurs, qu'imbu des opinions de La Motte
sur les écrits des anciens, il cherchoit à lui faire sa cour;
et sa critique, comme lui-même l'avoue, est fondée sur les
principes posés par ce littérateur, et par l'abbé Terrasson,
pour déprécier les écrivains de l'antiquité. Il s'attache spécia-

---

(1) Il avoit tout au plus vingt ans.

lement aux comparaisons et autres morceaux imités d'Homère; et il prononce que, sur cet article, le poëte Grec *a un peu égaré son imitateur*; il assure « même, que le goût fin et judicieux, » qu'on a toujours admiré dans les écrits de Fénelon, se révol- » toit de temps en temps contre une imitation où le cœur » avoit plus de part que l'esprit. » En terminant, il fait un bel éloge de la morale du *Télémaque*, et de la manière dont elle est présentée. L'abbé Trublet loue aussi le *Discours* du cheva- lier de Ramsay, avec lequel toutefois il ne peut, dit-il, « tomber » d'accord, lorsqu'il avance, qu'on doit regarder comme une » fausse philosophie, celle qui fait du plaisir le seul ressort du » cœur de l'homme. » Il est à remarquer que l'assertion de Ramsay est très-conforme à la doctrine que Fénelon a con- stamment soutenue contre Bossuet, pendant la controverse du Quiétisme (1).

La *Bibliothèque Britannique*, tome xix, année 1742, ren- ferme des détails curieux sur le *Télémaque*, et sur les princi- pales éditions. Nous en avons extrait ci-dessus quelques pas- sages. Mais l'auteur de l'article s'est trompé, en disant que le livre avoit paru en 1698, et qu'on l'avoit réimprimé à La Haye l'année suivante. On a vu qu'il fut publié presque en même temps à Paris et en Hollande.

63. — Nous n'avons fait jusqu'ici aucune mention de deux anecdotes sur le *Télémaque*, publiées il y a plus de trente ans; et nous les aurions même laissées dans l'oubli où elles étoient ensevelies, si, en 1823, un écrivain qui se pique de connois- sances et d'exactitude en bibliographie, n'eût tenté de les en tirer, *pour diminuer*, dit-il, *les torts de Fénelon*, auquel il en suppose de très-graves dans la composition du *Télémaque*.

Voici les faits tels qu'on les expose (2) : « L'*European Ma-

(1) Voyez l'*Analyse de cette controverse*, n. 84. *OEuvres de Fénelon*, tom. iv, pag. clxvij.

(2) Note à la suite de l'*Avertissement* du *Télémaque* latin, traduit par le P. Viel. *Paris*, 1808.

» *gazine* de Janvier 1806, extrait dans *le Publiciste* du 10 Mars
» suivant, affirme qu'à cette époque, dans la bibliothèque du
» feu marquis de Lansdown, il existoit un exemplaire d'un ro-
» man grec, imprimé à Florence en 1465, sous le titre d'*Athéné*
» *skelkaté*, et où est contenue presque en entier la fable de
» l'ouvrage de Fénelon. On pouvoit rapprocher de cette an-
» nonce l'*Approbation* donnée par le président *Cousin* au *Télé-*
» *maque, comme traduit fidèlement du grec.* (Voyez *Magazin*
» *encyclopédique*, 1807, tome II, page 304.) Néanmoins, des
» personnes très-versées dans la littérature angloise, et tou-
» jours au courant des nouveautés de ce pays, m'ont assuré,
» qu'après avoir pris tous les renseignements possibles sur cet
» article de l'*European Magazine*, elles le regardoient comme
» une invention du journaliste. »

En copiant la note précédente (1), non *pour diminuer les*
torts de l'auteur, mais bien certainement pour atténuer le mérite du *Télémaque*, le critique auroit dû, ce semble, n'en pas
omettre la dernière partie, où l'on finit par *regarder comme une*
invention du journaliste l'existence du roman grec, dans lequel
Fénelon auroit puisé sa fable. Mais, pour achever d'éclaircir tout
doute, il suffit d'observer qu'on n'imprima pour la première
fois en caractères grecs, que onze ans après la date assignée
au prétendu roman ; et tous les bibliographes sont unanimes
en ce point, que le premier livre publié en cette langue, par
la voie de l'impression, est la *Grammaire Grecque* de Lascaris,
imprimée à Milan en 1476. Un autre fait aussi certain, c'est
que l'on ne trouve aucun livre imprimé à Florence, en latin

---

(1) *Hist. gén. de l'Eglise pendant le* XVIIIe *siècle*. Besançon, 1823 :
tom. I, pag. 398, *note.* C'est un ouvrage mort-né, dont il n'a paru que ce
seul premier tome. Les souscripteurs ont été généralement révoltés de la
partialité avec laquelle ce volume est rédigé, si bien que la plupart l'ont
renvoyé aux libraires ; et ceux-ci ont abandonné l'entreprise.

seulement, avant 1471, six ans par conséquent après l'époque
où l'on place la date de l'impression du roman. Et qu'on ne
dise point que les bibliographes auroient pu n'en pas connoître l'existence. Quelque rares que soient tous les livres
qu'a produits l'imprimerie à son origine, on a encore aujour-
d'hui, quoiqu'en petit nombre, des exemplaires de tous ceux
qui ont été exécutés dans différents pays ; celui qui nous oc-
cupe seroit-il le seul dont il ne fût resté aucune trace ?

64.—Quant à l'*Approbation* qu'on prétend avoir été donnée
par le président Cousin au *Télémaque*, *comme traduit fidèlement du grec*, ce fait a été démenti dans la *Biographie universelle*, (Art. COUSIN, tom. x.) sur ce fondement, que « l'édition
» pour laquelle cette *Approbation* auroit été donnée ne fut
» point achevée, qu'elle s'arrêta à la 208ᵉ page, et qu'on n'y
» voit point d'*Approbation* du censeur. » « Mais, dit le critique,
» cette raison n'est d'aucune valeur pour ceux qui n'ignorent
» pas que de pareilles pièces ne se mettent dans un livre qu'a-
» près que l'édition en est terminée. » Soit : mais on sait aussi
que c'étoit alors la coutume universellement suivie, et qui a
encore duré longtemps après, de mettre à la tête des livres
l'*Approbation* du censeur, aussi bien que le *Privilége du Roi*.
Or, le *Privilége* est en tête des 208 pages : pourquoi l'*Approbation* n'y seroit-elle pas, si elle eût existé ?

D'ailleurs, lorsqu'on remonte à l'origine de cette anecdote,
on voit qu'elle ne peut se soutenir. Elle est tirée d'une *Lettre
de M. D. L. C. P. D.* attribuée au P. Ducerceau, Jésuite, *sur
l'Histoire des Flagellants* de l'abbé Boileau. Dans cette *Lettre*,
Cousin est traduit comme un « approbateur banal de tout
» livre dangereux et suspect ; et qui apparemment, ajoute-t-
» on, a aussi peu lu l'*Histoire des Flagellants* avant que d'y
» donner son *Approbation*, qu'il avoit lu *Télémaque* lorsqu'il
» l'approuva comme fidèlement traduit du grec. » Camusat,
en rapportant ce passage de la *Lettre*, dans son *Histoire criti-*

que des Journaux (1), ne peut s'empêcher de s'écrier : « Fran-
» chement, le trait est trop fort ; et, quelque considération que
» puisse mériter l'écrivain qui l'a lancé, il est impossible de ne
» le pas condamner. Tout ce qu'on peut faire, c'est d'épargner
» toute qualification odieuse, et de montrer simplement que
» la conduite qu'on attribue à M. Cousin est fort éloignée de
» son caractère. En effet, on s'est plutôt plaint de la rigueur
» de M. Cousin, que de sa facilité ; et jamais censeur n'a ap-
» porté plus d'attention à empêcher qu'il ne se glissât rien
» de suspect dans les livres qu'il approuvoit. » Et il cite des
faits à l'appui de son assertion. Le P. Niceron, qui vivoit alors,
et qui a recueilli, dans ses *Mémoires*, les témoignages des contemporains, nous peint Cousin comme « un homme d'une
» justesse d'esprit admirable, d'un jugement droit et fin (2). »
En faisant l'histoire de la traduction du livre *des Flagellants* (3),
il ne parle de l'*Approbation* qu'on prétend avoir été donnée à
ce livre par Cousin, que comme d'un fait douteux ; *s'il en faut
croire*, dit-il, *un critique anonyme ;* et il indique la *Lettre* déjà
citée. Mais il ne fait aucune mention de la prétendue *Approbation* du *Télémaque*, ni en cet endroit ni ailleurs. Cet écrivain
entre ordinairement dans des détails minutieux, pour peu
qu'ils piquent la curiosité ; il étoit à portée de vérifier le fait :
s'il l'a passé sous silence, il l'a donc cru invraisemblable. Que
si notre *historien* persiste à dire, après cela, « que ce Louis
» Cousin, qui devint ensuite président à la Cour des Monnoies,
» n'étoit encore qu'avocat et censeur des livres quand il ap-
» prouva le *Télémaque*, en 1699 ; » quelque désir que nous
ayons *d'épargner toute qualification odieuse,* nous ne pouvons
faire moins que de le taxer de légèreté. Car, s'il avoit lu la
Biographie qu'il cite, il y auroit vu que L. Cousin, né en 1627,
devint président à la Cour des Monnoies en 1659 (4) ; qu'il tra-

____

(1) Tom. II, pag. 35. *Amsterdam*, 1734. — (2) *Mémoires*, etc. tom. XVIII,
pag. 189. — (3) Ibid. tom. XX, pag. 46. — (4) Dupin et d'autres disent en
1657.

vailloit au *Journal des Savants* depuis 1687 ; qu'il avoit alors publié ses traductions des *Historiens Grecs*, tant ecclésiastiques que profanes ; et qu'il devoit être assez versé dans la littérature grecque, pour ne pas commettre une bévue aussi grossière que celle qu'on lui impute.

En terminant ces *Recherches*, il est bien juste que nous acquittions un devoir de reconnoissance envers MM. les Conservateurs, tant des manuscrits, que des imprimés de la Bibliothèque du Roi. Ils nous ont donné toute facilité, et pour collationner les manuscrits, et pour les consulter de nouveau autant de fois que nous avons eu besoin d'y recourir : notre importunité n'a jamais pu lasser leur complaisance. Tous les ouvrages nécessaires ont été mis à notre disposition, et nous avouons sincèrement que sans ce secours notre travail eût été bien plus imparfait.

65. — Nous joignons à ces *Recherches* deux pièces de poésie latiné, une *Fable* et une *Ode*, à la louange de Fénelon, qui ont paru pour la première fois dans l'édition du *Télémaque* donnée par Moetjens en 1708. Nous en ignorons l'auteur. Aucun éditeur, à notre connoissance, n'en a fait mention jusqu'ici ; le cardinal de Bausset n'en parle point dans son *Histoire ;* ce qui fait juger qu'il ne les a pas connues. Comme elles se rattachent à l'histoire de l'archevêque de Cambrai, et qu'elles ont d'ailleurs, surtout la seconde, quelque mérite littéraire, nous avons cru devoir les préserver de l'oubli, en les insérant ici. La première fait allusion aux *Instructions pastorales* que Fénelon publioit alors pour défendre l'autorité de l'Eglise, à l'occasion du fameux *Cas de conscience* (1) ; l'autre ne regarde que le *Télémaque*. L'une et l'autre montrent l'intérêt qu'on prenoit, même hors de France, à toutes les productions de Fénelon, et l'ardeur que l'on mettoit à le venger de ses détracteurs.

(1) Voyez l'*Hist. de Fénelon*, liv. v, tom. iii.

AD ILLUSTRISSIMUM ARCHIEPISCOPUM

ACERRIMUM RELIGIONIS VINDICEM.

AQUILA ET NOCTUÆ.

FABULA.

CONTRA potentem nil juvant fallaciæ,
Et ad perniciem plerumque auctores trahunt.
    Olim, dum solis fugere conantur jubar,
Secretam in silvam se condiderant Noctuæ;
Procax, obscœnum, lucis impatiens genus.
Huc ubi Bubonum turma confluxit frequens,
Ut est in tenebris improbitas audacior,
Avibus extemplo miseris exitium parant;
Et fœdere icto, quæcumque obstiterint sibi
Se perdituros fas per omne dejerant :
Nec dicta res moratur. Instructo agmine,
Per amica noctis exeunt silentia,
Nec suspicantes, et sopore languidas,
Sparsasque temerè silvis volucres opprimunt.
Ut se viderunt alites dolis peti,
Coëunt in unum, et viribus multò impares
Conferti tentant vocibus lacessere,
Fremituque crebro territant hostem procul;
Sed imbecilli futiles jactant minas :
Astuta namque notas ad latebras cohors
Per cæca raptim devolat compendia;
Rursusque erumpit noctis ad crepusculum,

El stragem in silvis alitum immanem ciet.
Sic demum invaluit pavor et consternatio,
Ut noctu somnum carpere, aut interdiu,
Aves nequirent; nam timidum spernens gregem,
Ut est ignavis insolens victoria,
Se luce mediâ victrix extulerat cohors :
Totoque volucres æthere dispersas necat.
Morientum gemitus audiit e vicinia,
Partæ olim in bello gloriæ non immemor
Aquila, et præsidium offert, ac spondet vindicem.
Afflictis animus rediit sub tanto duce,
Quosque erat effugere triumphus, ultrò provocant.
Plerumque incautos ut prosperitas efficit,
Passim Bubones toto volitabant die
Securi ab hoste, dociles jam lucem pati.
Quos cernens Aquila : Discite, temerarii,
Inquit, quam prompta scelus comitetur ultio,
Et quid prosint insidiæ, si virtus deest.
Dixerat, et alas simul immensas explicans,
Rapido volatu infra se tollit nubila :
Tum prono labens impetu in prædam ruit;
Hos rostro petit, illos discerpit unguibus.
Trepidi Bubones sese ruderibus cavis
Tentant certatim condere, vanisque artibus
Deludi posse credunt armigeram Jovis, '
Frustra. Namque alis fulmine pernicior,
Corripere cœpit singulos; alto æthere
Vulsæque plumæ, pariter et sanguis pluit.
Hanc stragem Cornix cernens ex alta ilice
Clamasse fertur . Quam meruistis, Noctuæ,
Pœnam sensistis. Simili procumbat modo
Virtutis laudem qui dolis intercipit.

Quid hæc fabella velit planiùs ostenderem,

Feneloni, tua me sed retinet modestia.
Nam vindicasse Numinis offensum decus,
Satis est victori ; parcere subjectis decet,
Quorum obstinatos dum retundis impetus,
Et veritatis ire compellis viam,
Vincendo sanas ; tibi laudem victoria
Ingentem, at quæstum victis æternum parit,
Si te ducem sequuntur ; quod si pernegant,
Magno labore ludibrium ement sibi.

—

AD ILLUSTRISSIMUM VIRUM * * *.

ODE.

Quis mentem attonitam rapit
    Vates, Mœonio carmine concinens ?
Fallor ? Num subitò Orpheus
    Ereptus Stygiis fluctibus adstitit,
Docto pollice temperans
    Auditam rigidis arboribus fidem ?
Ut cantu insolito movet
    Aures atque animos ! Jam videor mihi
Inter saxa sonantia,
    Ventorumque minas, Telemachum sequi.
Puram Mentoridæ juvat
    Nunc doctrinam avidis excipere auribus ;
Nunc blandum eloquium lubet,
    Et præcepta sacro digna silentio
Mirari. Ut juvenem excitans
    Ad virtutis iter provocat arduæ !
Ut fomenta libidinis
    Molles delicias effugere admonens,

Pejus naufragio malum,
    Nil horrere nisi flagitium jubet!
Ceu Reges gravibus minis
    Terrens, justitiæ frena docet pati, et
Sceptrum ponere ferreum,
    Ut leni populos imperio regant,
Humanæ memores vicis,
    Prudens admonet; ac sollicitas opes,
Regum perniciem jubet,
    Fortunamque simul spernere lubricam:
Nunc me littore Atlantico
    Sistit, quà placido defluit agmine
Bœtis Gadibus obstrepens.
    Hic mores populorum exhibet aureos;
Quos nec dira fames lucri,
    Nec prava ambitio, nec pavor excitat.
Pacem hìc perpetuam fovent,
    Hic secura quies, sanctaque veritas,
Hic pietas viget, et fides;
    Hos fraternus amor jungit, et æmulæ
Virtutis stimulat decus.
    Hanc vitam Latiis gentibus intulit
Saturnus procul ab Jove
    Optatum populis exilium ferens.
Nunc me fluminis ad caput
    In molli statuens gramine, floribus
Atque umbrâ nemorum obtegit;
    Festis carminibus littora personant.
Ut lætor tenerum pecus;
    Pastoresque videns collibus aviis
Saltantes pede libero!
    In silvis utinam sic liceat mihi
Ævum transigere innocens!

Quam lætus Zephyri frigus amabile
Captarem! Requiescere
  In denso hìc lubeat cespite languidum.
Sed me hinc Mentorides agit
  Visurum Stygiæ regna Proserpinæ ;
Jamque immane recluditur
  Stridore horrisono Tartareum specus.
Hinc fletus miserabiles
  Audiri, et gemitus, sævaque verbera.
Sontes Tysiphone unguibus
  Attollensque facem territat ; hìc dolor
Et mens conscia criminum
  Torquet, perpetuis ignibus acrior.
Fraterno hic jugulo manus
  Tinxit sanguineas ; ille tyrannidem
Invasit patriæ ; at Jovis
  Iram non potuit fallere vindicem.
Alter blanditiis fovens
  Terrarum dominos ad scelus impulit,
Sternens nequitiæ viam.
  Æternùm hos cohibent portæ adamantinæ ;
Nec spes illacrymabilem
  Longis Tysiphonem flectere planctibus.
Tantis attonitum malis
  Aspéctu recreat Elysium nemus.
Felices animæ, quibus
  Hæc secura domus contingit ! hinc labor,
Bellumque, et metus exulat.
  Pleniùs ore avido gaudia fontibus
Potant, nec satietas tenet
  Mentem deliciis jugibus ebriam ;
At virtus sibi conscia
  Tangit deliciis blandior omnibus,

Quæ jactata diu æquore
    Hìc portu in placido, transque pericula,
Tutis splendet honoribus.
    Sed quis me subitò per liquidum æthera
Salentum citus attulit?
    Artem hìc Mentorides hactenus abditam,
Nil mortale sonans, docet ;
    Regnandique viam, quam Jovis ex sinu
Hausit, gentibus explicat,
    Inconcessa priùs carmina dividens.
Non bello, aut populi metu
    Stat firmum imperium, credite principes ;
Vinclis fortior omnibus
    Vobis jungat amor indocilem gregem,
Vinctum compede amabili.
    Formident Superos, et propriam audeant
Refrenare cupidinem
    Pastores hominum, quos pariter manet
Mortis sæva necessitas.
    Rex custos potiùs, vel pater urbium
Dici quàm dominus velit ;
    Et vitam populis devoveat suam,
Lætus pro patria mori.
    O! semper liceat vivere legibus
Vinctum, Mentoride, tuis !
    Insuetum per iter te rapidis ducem,
Gaudens passibus insequar,
    Extremâque jugum solvet amor die.

REMARQUES

SUR LES DIVERSES ÉDITIONS

DU

DISCOURS SUR L'HISTOIRE UNIVERSELLE

ET DES ORAISONS FUNÈBRES

DE BOSSUET.

---

1. — Le Discours sur l'Histoire universelle fut publié dans les premiers mois de l'année 1681, à *Paris*, chez *Sébastien Mabre-Cramoisy*, en un vol. *in-4°*, de 561 pages. Le privilége du Roi, daté du 11 février 1681, est accordé pour quinze ans. Cette édition, ornée de vignettes en taille douce au commencement et à la fin du volume, est fort bien exécutée : on en tira des exemplaires sur grand papier, probablement en petit nombre ; car on les rencontre rarement. Elle fut contrefaite en Hollande (1), la même année.

(1) L'édition que nous avons sous les yeux est d'une assez belle exécution ; c'est un *in-12* de 452 pages. Le frontispice ne porte le nom ni de la ville, ni du libraire ; on y lit : *Suivant la copie imprimée à Paris, chez Sébastien Mabre-Cramoisy*, etc.

Bossuet, dès le mois de mai 1681, avoit envoyé son livre à M. de Neercassel, évêque de Castorie, vicaire apostolique en Hollande, avec qui il étoit en commerce épistolaire. Ce prélat l'en remercia dans une lettre du 21 août, et lui apprit que les libraires de Hollande se disposoient à l'imprimer. Au

2. — La *seconde édition* n'est qu'une réimpression de la première, avec quelques corrections ; elle parut en 1682, chez le même libraire, en un vol. *in*-12 de 639 pages. On a mis, à la première et à la dernière page, les mêmes vignettes réduites, qu'à l'édition *in*-4°. Il se trouve des exemplaires de cette édition avec la date de 1691, *chez L. Roulland ;* mais le frontispice seul est changé.

3. — Le même *Roulland,* libraire, obtint, le 2 septembre 1695, un nouveau privilége pour six ans, à compter du jour de la réimpression. La *troisième édition*, faite en vertu de ce privilége, fut mise au jour à la fin de mars 1700 (1), en un vol. *in*-12 de 607 pages. On lit au frontispice : *Troisième édition, revue par l'auteur.* La vignette de la première page a été seule conservée. Cette édition est la dernière qui ait paru du vivant de Bossuet, et qu'il ait revue. Elle diffère des précédentes, en ce que la *seconde partie,* qui n'a que treize chapitres dans les deux premières éditions, est divisée en trente chapitres dans cette troisième. Le dernier chapitre de l'ouvrage a été aussi partagé en deux ; ce qui donne huit chapi-

mois de septembre, Bossuet envoya à M. de Neercassel un *errata* pour qu'on en fît usage dans l'édition projetée, en recommandant toutefois de ne pas faire connoître que les corrections venoient de lui. Dans une lettre du 23 novembre suivant, l'évêque de Castorie marque qu'on avoit déjà imprimé l'ouvrage en deux endroits à la fois, à Amsterdam et à La Haye. L'*errata* envoyé par Bossuet vint sans doute trop tard ; car on ne s'en est pas servi dans l'édition citée plus haut, et que nous conjecturons être celle d'Amsterdam.

(1) Lenglet-Dufresnoy, dans le *Catalogue des Historiens* qu'il a mis à la suite de sa *Méthode pour étudier l'histoire,* donne cette édition comme étant de 1695. La date du privilége l'aura vraisemblablement induit en erreur : mais l'époque de la publication de cette troisième édition est fixée sans aucun doute, par cette note qu'on lit à la suite du privilége : « Achevé de » réimprimer pour la première fois, depuis l'obtention du dernier privi- » lége, le 20 du mois de mars 1700. » Des exemplaires de cette même édition, au lieu de *chez Roulland,* 1700, portent *chez Michel David,* 1703. Il n'y a de différent que le frontispice,

tres à la *troisième partie*, au lieu de sept qu'elle avoit auparavant. L'auteur, en revoyant son livre, y corrigea diverses fautes
de dates et de citations, retoucha le style en plusieurs endroits,
et y fit beaucoup d'additions, particulièrement sur l'inspiration
des livres saints. Les éditions subséquentes que donnèrent les
libraires, depuis 1707 jusqu'en 1741, furent imprimées sur la
troisième ; et on l'a pareillement suivie dans la collection des
OEuvres de Bossuet, publiées par l'abbé Pérau en 1743 et 1748,
in-4º.

4. — Mais, en 1753, les libraires de Paris qui avoient le privilége de ce livre, au lieu de continuer à le réimprimer sur
l'édition de 1700, reprirent celle de 1681, et ont persisté à la
suivre jusqu'à nos jours. Les éditions de Fr. Amb. Didot l'aîné,
pour l'éducation du Dauphin (1) ; celle que son fils publia en
1814, dans sa *Collection des meilleurs ouvrages de la langue
françoise*, et d'autres imprimées avec luxe, dans lesquelles on
eût dû s'appliquer à donner le texte le plus correct, ne sont
que des copies plus ou moins exactes de la première édition,
et on y a omis les additions et corrections faites par Bossuet
dans la troisième.

5. — Nous apprenons, en outre, par le *Journal* de l'abbé
Ledieu, son secrétaire, que, dans les dernières années de sa vie,
l'évêque de Meaux ne cessoit de revoir son ouvrage (2). Le
fruit de ce dernier travail est un grand nombre d'additions
importantes, entièrement écrites de sa main, et dont le but est
de mettre dans un nouveau jour les preuves de l'authenticité
des saintes Ecritures, et la liaison qui existe entre les livres de
l'Ancien et du Nouveau Testament. Le morceau le plus consi-

---

(1) Il en a donné trois éditions : une, en 1784, 1 vol. *in-4º*, tirée à 200 exemplaires ; une seconde, la même année, 4 vol. *in-18*, tirée à 500 ; la dernière
en 1786, 2 vol. *in-8º*, tirée à 350.

(2) *Hist. de Bossuet*, tom. I, liv. IV. n. 23.

dérable est un chapitre entier, le **xxix**ᵉ de la *seconde partie,*
ayant pour titre : *Moyen facile de remonter à la source de la
religion, et d'en trouver la vérité dans son principe.*

6. — Ces fragments étoient demeurés, pendant plus d'un
siècle, ensevelis dans un oubli profond. Ils furent imprimés,
pour la première fois, sous le titre assez impropre de *Variantes,* et confondus avec les additions faites en 1700, à la fin de
l'édition stéréotype d'Herhan, en 4 vol. *in-18, Paris,* 1806. On
annonce, dans l'*Avertissement,* que l'ouvrage est « enrichi de
» *Variantes* que les anciens éditeurs avoient déjà publiées dans
» différentes éditions, notamment dans les collections des *OEu-*
» *vres de Bossuet,* imprimées en 1743 et 1748 ; » et l'on reprend Didot l'aîné d'avoir « supprimé ces *Variantes,* soit parce
» qu'il ne connoissoit pas l'existence des manuscrits, soit parce
» que ces *Variantes* nécessitoient dans l'ancien texte des chan-
» gements importants. » Mais il est facile de prouver que ce
sont là autant d'assertions gratuites.

1° Le plus léger examen démontrera que dans la collection
des *OEuvres,* en 1743 et 1748, comme on l'a dit ci-dessus,
on a suivi la troisième édition ; et que dans les éditions du
Discours sur l'Histoire universelle, publiées à part depuis 1700,
on s'est borné à copier d'abord la troisième, et qu'ensuite on
est revenu à la première.

2° Fr. Amb. Didot n'eût pu avoir connoissance des additions
postérieures, qu'autant que les Bénédictins, qui donnoient
alors une nouvelle édition des *OEuvres de Bossuet* (1), lui auroient communiqué ses manuscrits : ce qui n'a pas eu lieu. On
peut reprendre, à plus juste titre, ce célèbre imprimeur de

---

(1) Celle dont les premiers volumes furent publiés chez *Boudet,* 1772,
in-4° ; six autres parurent en 1778, et sept en 1788 chez *Lumi.* Cette édition
est demeurée imparfaite : le *Discours sur l'Histoire universelle* ne s'y trouve
point.

n'avoir pas suivi la dernière édition donnée par l'auteur (1), c'est-à-dire celle de 1700, puisque l'évêque de Meaux avoit mis tant de soin à la revoir et à la perfectionner.

3° Bien loin que ces *Variantes nécessitassent dans le texte des retranchements importants,* tout au plus ont-elles exigé la suppression de trois ou quatre phrases ; si toutefois on peut regarder comme supprimées celles que l'auteur n'a ôtées que pour en substituer d'équivalentes, et souvent pour donner plus de développements au sujet. Quelquefois même on voit que les mots retranchés ont été remplacés par d'autres qui expriment mieux la pensée ; ou bien que la netteté du discours demandoit leur entière suppression.

Ce qu'on peut dire de plus vraisemblable touchant l'assertion des éditeurs stéréotypes, c'est qu'ils n'ont eu connoissance des additions manuscrites, et même des corrections de l'édition de 1700, que quand la leur a été imprimée. Alors ils se seront déterminés à placer ces fragments à la fin de chaque tome, en indiquant les pages auxquelles ils se rapportent. Mais ce n'étoit point remplir le vœu de Bossuet, qui vouloit bien certainement qu'on les insérât dans le corps de son *Discours,* puisque, après chaque morceau, il a écrit les premiers mots de la phrase qui doit suivre immédiatement.

---

(1) On ne peut concevoir le motif qui a porté MM. Didot, dans leur édition stéréotype, et peut-être d'autres éditeurs, à leur imitation, à rejeter au bas des pages les chiffres qui indiquent les années, dans la *première partie* du *Discours sur l'Histoire universelle.* C'étoit agir directement contre les vues de l'auteur, puisque Bossuet les avoit placés exprès à la marge, pour accoutumer, dit-il, *l'esprit à mettre les événements dans leur place selon l'ordre des dates.* On a d'autant plus lieu d'en être surpris, que même dans l'édition *in-18 pour l'éducation du Dauphin,* leur père avoit suivi l'ordre accoutumé, en mettant ces chiffres à la marge. Mais nous leur rendons cette justice, qu'ils ont corrigé quelques-unes des dates fautives qui sont dans les autres éditions.

7. — Tout ce que nous venons de dire est le résultat de l'examen des diverses éditions du *Discours*, auquel nous nous sommes appliqué en 1818, lorsqu'il s'agissoit d'imprimer cet ouvrage dans les *OEuvres de Bossuet*, publiées à *Versailles*, chez *Lebel*, 1815 et années suivantes, *in*-8°. Après avoir reconnu les erreurs de nos devanciers, pour nous en préserver; et en même temps pour nous conformer aux intentions de l'auteur, qui nous étoient manifestées par les notes écrites de sa main, nous avons pris pour texte la troisième édition, en insérant, aux endroits indiqués dans le manuscrit, les différentes additions, qui se lient parfaitement avec ce qui les précède et ce qui les suit, comme on peut s'en convaincre par la lecture. Cette insertion n'a exigé d'autres changements, dans l'ancien texte, que la subtitution d'un petit nombre de mots, marqués par l'auteur même, et la suppression de quelques lignes concernant les Samaritains, dans la VIIe *époque;* parce que Bossuet a réuni un peu plus bas, sous un même point de vue, tout ce qui concerne l'histoire de ce peuple. Enfin, désirant donner à cette édition toute l'exactitude possible, nous avons vérifié les dates placées à la marge dans la *première partie;* ce qui nous a donné lieu de corriger plusieurs erreurs; et toutes les fois que nous avons remarqué que les années ne correspondoient point aux événements, la correspondance a été rétablie en plaçant les dates vis-à-vis des faits auxquels elles se rapportent. Les passages cités ont été aussi confrontés avec soin, à l'exception de quelques citations de Rabbins et d'un petit nombre d'auteurs dont nous n'avons pu avoir les livres. En général tout étoit exact.

Le *Discours sur l'Histoire universelle* forme le tome xxxv de l'édition de Versailles, et on en a tiré à part un certain nombre d'exemplaires. Toutes les *corrections et additions* faites par l'auteur, depuis la première édition, ont été réunies, et placées à la fin du volume. En les parcourant, chacun pourra se convaincre que nous n'avons rien exagéré en parlant des soins assidus que Bossuet a mis, jusqu'à ses dernières années, à revoir son livre et à le perfectionner.

8. — Parmi les éditions copiées sur celle de Versailles, nous en citerons particulièrement deux, remarquables par leur exécution. L'une, qui fait partie de la *Collection des classiques françois*, grand *in-8°*, publiée par le libraire Lefèvre, a paru en 1825, deux vol. *in-8°*. L'éditeur a placé en tête la *Notice* extraite de l'édition de Versailles, et a mis au bas des pages les *corrections et additions;* ce qui rend plus facile l'examen et la comparaison des changements faits à l'ouvrage depuis sa première publication. L'autre vient d'être terminée, en deux vol. grand *in-8°*, par L. Curmer, qui n'a épargné ni soins ni dépenses pour la rendre digne du chef-d'œuvre qu'il reproduisoit. Correction du texte, luxe typographique, beauté et force du papier, fini des gravures, richesse et variété des cadres et des ornements ; tout a concouru pour en faire un magnifique monument à la gloire de Bossuet. La notice littéraire, écrite de verve par M. Tissot, dans laquelle il peint à grands traits l'écrivain sublime, et le caractère de sa composition, ajoute un nouveau lustre à ce bel ouvrage.

9. — Venons maintenant aux ORAISONS FUNÈBRES. Un éditeur de Bossuet, qui a le premier travaillé à en rétablir le texte dans sa pureté, l'abbé Lequeux (1) s'est plaint de ce « que ces excellents ouvrages sont défigurés par » une multitude de fautes, qui ne font que s'accumuler » avec les éditions. On trouve jusqu'à des lignes entières » omises, des mots transposés ou substitués à d'autres, des » ponctuations déplacées, enfin des inexactitudes qui pro- » duisent quelquefois des contre-sens complets, qui rendent » les pensées louches et obscures, qui arrêtent enfin tout court

(1) Cet abbé avoit été chargé de diriger l'édition des *OEuvres* de l'évêque de Meaux, qui fut, après sa mort, confiée aux Bénédictins.

» les lecteurs (1)..... Tout le soin des éditeurs, ajoute-t-il, se
» réduit souvent à corriger d'idée les fautes qu'ils rencontrent,
» ou même ce qu'ils prennent pour des fautes; à substituer
» d'eux-mêmes des termes à d'autres qu'ils ne croient pas
» justes ou assez réguliers : d'où il arrive qu'on ne fait qu'a-
» jouter de nouvelles fautes aux précédentes. Ce n'est pas tout :
» et nous pourrions citer bien des exemples d'une négligence
» encore plus inexcusable : c'est qu'il y a des éditions dans les-
» quelles on a manqué d'insérer les corrections, changements
» ou additions que Bossuet avoit faits lui-même sur les pre-
» mières éditions (2)... Le seul remède à tant d'inconvénients
» est donc de remonter aux premières sources, et de ne pas
» plaindre ses peines pour faire les plus scrupuleuses recher-
» ches et toutes les confrontations possibles pour s'assurer de
» la vérité et de l'intégrité du texte. »

10. — L'abbé Lequeux rend compte ensuite de tous les
soins qu'il a pris pour que son édition fût en tout correcte, et
répondît au mérite de l'ouvrage. En effet, on doit savoir gré à
cet éditeur, des peines qu'il s'est données pour confronter les
différentes éditions, et rétablir le texte dans sa pureté. Nous
avions donc résolu de suivre exactement la sienne, persuadé
qu'une nouvelle révision étoit inutile. Cependant, en comparant son texte avec celui que D. Déforis a donné dans son édition des *OEuvres de Bossuet* (3), nous y avons rencontré des
différences assez considérables pour nous faire recourir au
seul remède indiqué par Lequeux, c'est-à-dire à une nouvelle
collation des éditions originales.

11. — Parmi les éditions modernes, celle de D. Déforis est la

(1) Préface des *Oraisons funèbres*; Paris, Desaint; 1762.

(2) Ces reproches ne sont que trop fondés. Nous pourrions citer en preuve
des éditions imprimées récemment à Paris, même avec un certain luxe typographique, dans lesquelles néanmoins on remarque la plupart de ces
défauts.

(3) Tome VIII, *Paris, Boudet*, 1778, in-4°.

plus exacte, et il s'y est glissé peu de fautes. Il en a corrigé plusieurs qui avoient échappé à la sagacité de l'abbé Lequeux, et a rétabli à leur place les passages latins que Bossuet avoit insérés dans le texte, et que Lequeux, sans aucune raison, en avoit retranchés pour les placer en notes au bas des pages.

12. — Lorsqu'en 1816, il fallut revoir les *Oraisons funèbres,* pour l'édition des *OEuvres de Bossuet* publiée à Versailles, nous les collationnâmes sur les premières éditions. Mais, depuis, ayant rencontré d'autres éditions revues par l'auteur, et que nous n'avions point connues, nous avons pensé qu'une nouvelle révision pourroit avoir encore de l'utilité. En effet, celle que nous entreprîmes en 1825, pour l'édition qui fait partie des *Classiques françois* publiés par Lefèvre, nous a fourni un petit nombre de corrections, dont plusieurs sont assez importantes,

13. — Les changements que Bossuet a faits dans les diverses éditions qu'on a données de son vivant, ont été recueillis et placés au bas des pages, dans l'édition de Versailles, sous le titre de *Variantes.* Ces variantes montrent clairement, que bien qu'il s'attachât principalement aux choses, ce grand orateur ne négligeoit pas néanmoins la manière de les dire, comme des critiques modernes le lui ont reproché; puisque la plupart de ces changements n'ont d'autre but que la clarté de la diction, ou l'harmonie du style.

On sait que Bossuet, comme beaucoup d'écrivains, citoit souvent de mémoire, et ne s'astreignoit pas toujours à rapporter mot à mot les expressions de chaque écrivain dont il employoit des passages. A l'exemple de beaucoup d'éditeurs, nous avons mis dans les notes le texte entier des endroits que l'orateur ne fait que traduire ou même indiquer; et nous avons rétabli les autres tels qu'on les lit dans les auteurs, excepté toutefois lorsqu'il est visible que Bossuet a abrégé à dessein, pour ne pas citer trop longuement, ou bien qu'il a changé ou supprimé quelque mot pour faire un sens complet. Nous avons pareillement rectifié toutes les citations inexactes, et indiqué, d'après les nouvelles éditions de chaque auteur, le livre, le chapitre, etc. où se trouvent les textes cités.

14. — Voici la liste des éditions originales que nous avons consultées :

Oraison funèbre de Henriette-Marie de France, reine de la Grand'-Bretagne. *Paris, Cramoisy*, 1669, *in-4°*. 2ᵉ édition, 1670, *in-4°*. 4ᵉ édition, 1671, *in-12*. 5ᵉ édition, 1680, *in-12*, avec la suivante (1).

— de Henriette-Anne d'Angleterre, duchesse d'Orléans. 1670, *in-4°*. 2ᵉ édition, 1671, *in-12*. 3ᵉ édition, 1680, *in-12*, réunie avec la précédente.

— de Marie-Thérèse d'Autriche, reine de France. 1683, *in-4°*.

— d'Anne de Gonzague de Clèves, princesse Palatine. 1685, *in-4°*.

— de Michel Le Tellier, chancelier de France. 1686, *in-4°*.

— de Louis de Bourbon, prince de Condé. 1687, *in-4°*.

Ces six *Oraisons funèbres* furent réimprimées, avec quelques corrections et changements dans les quatre dernières, et réunies en un volume *in-12* sous ce titre : *Recueil des Oraisons funèbres prononcées par Messire Jacques-Bénigne Bossuet*, etc. Paris, veuve Cramoisy, 1689 (1). Mais il paroît bien que l'auteur n'en a point lui-même surveillé l'impression ; car, tandis que les éditions originales *in-4°* sont tout à faites correctes, on remarque fréquemment, dans l'*in-12*, des omissions, et des fautes typographiques assez notables.

15. — Outre les six *Oraisons funèbres* dont on vient de par-

(1) Le frontispice porte : *Oraisons funèbres composées*, etc. *troisième édition* : ce qui est vrai pour celle de la duchesse d'Orléans ; mais c'est bien la *cinquième* de l'Oraison funèbre de la reine sa mère.

(2) Des exemplaires portent : *Chez Grégoire Dupuis*, 1699 : c'est la même édition, pour laquelle on a imprimé un nouveau frontispice.

ler, Bossuet en avoit fait plusieurs autres : quatre ont été imprimées.

La première, prononcée en 1663, est celle de Nicolas Cornet,
grand-maître du collége de Navarre, qui « avoit guidé les pre-
» miers pas de Bossuet dans la carrière de la science et de la
» vertu (1) ; en qui, comme il le dit lui-même (2), il a trouvé
» un trésor inépuisable de sages conseils, de sincérité, d'amitié
» constante et inviolable ; et à qui il ne peut refuser quelques
» fruits d'un esprit qu'il a cultivé avec une bonté paternelle. »
Elle fut imprimée à Amsterdam, chez Wetstein, en 1698, in-8°,
par les soins du neveu du docteur Cornet. Elle étoit devenue
fort rare, lorsqu'on la réimprima, en 1743, dans le tome VIII
de l'édition des *OEuvres de Bossuet* donnée par l'abbé Pérau.
D. Déforis, qui l'a aussi jointe à son édition, a tâché de la déprécier, parce que son parti y est signalé, et que l'auteur y
découvre les menées faites par ce parti pour accréditer ses
erreurs ; mais on y reconnoît la touche mâle et ferme du
grand orateur, qui d'ailleurs l'a vue imprimée, et ne l'a point
désavouée. On ne peut rien conclure de ce qu'il ne l'a pas ajoutée aux autres, dans l'édition de 1689. Alors elle n'étoit point
publiée ; et peut-être ne songeoit-il plus lui-même à l'un de ses
premiers essais dans ce genre de composition.

Celle du P. François Bourgoing, supérieur général de la
Congrégation de l'Oratoire, fut prononcée en 1662. Les prédicateurs y apprendront « quelle idée Bossuet s'étoit faite de la
» véritable éloquence ; et son souverain mépris pour ces pé
» riodes mesurées, pour ces mouvements affectés, pour ces
» figures artificielles, qui peuvent tout au plus charmer un
» moment par la surprise d'un plaisir qui passe (3). » Il y dé-

____

(1) *Hist. de Bossuet*, tom. I, liv. II, n. 15.
(2) Orais. fun. de N. Cornet, *ibid.* et *OEuvr.* tom. XVII, pag. 616.
(3) *Hist. de Bossuet, ibid*, n. 14.

7

veloppe ce beau passage de Tertullien, sur la poussière à laquelle se réduit enfin notre corps ; morceau qu'on a tant admiré, depuis, dans l'*Oraison funèbre d'Henriette d'Angleterre,* et qu'il avoit déjà employé dans son sermon *sur la Mort.*

Les deux autres, celle de madame Yolande de Monterby, abbesse Bénédictine ; et celle de Henri de Gornai, militaire, d'une ancienne et illustre famille, ont été vraisemblablement prêchées à Metz. Le génie de Bossuet s'y décèle à ces traits vifs, et surtout à ces pensées fortes sur la fuite rapide du temps, sur la brièveté de la vie, et la mort qui en est le terme, sujets auxquels le ramenoient souvent ses graves méditations.

Ces trois discours furent publiés, pour la première fois, en 1778, par D. Déforis, dans le tome VIII de son édition des *OEuvres* de l'évêque de Meaux ; et on les a insérés, avec l'*Oraison funèbre de N. Cornet,* dans le tome XVII de l'édition de Versailles.

Bossuet a aussi prononcé, en 1667, l'Oraison funèbre d'Anne d'Autriche, mère de Louis XIV ; mais cette pièce ne fut point imprimée, et on n'en a pas retrouvé le manuscrit.

FIN.

TABLE

DES MATIERES.

REMARQUES

SUR LES DIVERSES ÉDITIONS

DU DISCOURS SUR L'HISTOIRE UNIVERSELLE

ET DES ORAISONS FUNÈBRES DE BOSSUET.

FIN DE LA TABLE.

ADDITIONS ET CORRECTIONS.

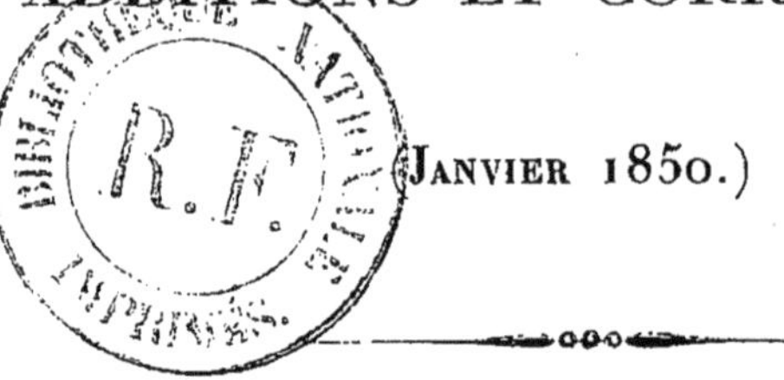

(JANVIER 1850.)

Les Recherches sur le Télémaque furent publiées en 1840. Depuis lors, l'auteur a recueilli les observations qui lui ont été adressées, et quelques documents nouveaux sont venus à sa connoissance. L'accueil que cet opuscule a reçu des bibliographes, l'a engagé à publier ces *Additions*.

Page 10, à la fin du second alinéa, après ces mots, *de l'édition originale*, ajoutez :

Un académicien, qui jouit d'une assez grande célébrité dans la littérature contemporaine, Charles Nodier, mort en 1844, a donné, sur la première édition du *Télémaque*, une notice détaillée (1), qui est, en plusieurs points, un rêve de son imagination.

La description des cinq parties qui composent cette édition, telle que nous la donnons, et telle que M. Brunet la répète dans son *Manuel du Libraire*, lui paroît exacte. Mais ensuite il entre dans des détails minutieux, où la plupart des lecteurs se soucieront peu de le suivre, afin de montrer qu'entre les deux éditions de la première partie en 208 pages, où se trouvent l'*Errata* et le *Privilége*, celle qu'on a regardée jusqu'ici comme une contrefaçon a été *finie la première*. Cela nous

(1) *Description raisonnée d'une jolie collection de livres*, par Ch. Nodier. *Paris*, Techener, 1844 ; in-8°.

semble assez peu important ; et nous n'élèverons à cet égard
aucune contestation, quoiqu'on puisse lui opposer l'autorité
des bibliographes éclairés, qui admettent le contraire depuis
plus d'un siècle. Il établit d'ailleurs, que les quatre autres parties ont été imprimées sur les mêmes caractères et les mêmes
presses que les 208 pages ; nous en convenons sans peine.
Pour ce qui vient de son imagination, c'est l'objet d'un examen
plus sérieux.

Charles Nodier prétend donc, sans nous dire d'où il a tiré
ce fait plus qu'invraisemblable, que Fénelon « étant à Cambrai,
« on lui envoyoit les feuilles à corriger avant le tirage ; qu'il
« avoit même eu à choisir entre différents essais. Mais, ajoute-
« t-il, pendant que l'auteur corrigeoit religieusement ses épreu-
« ves, l'imprimeur, obsédé par l'impatience publique, ne s'é-
« toit point arrêté ; le livre alloit son train. » De là, selon lui,
est venue la faute remarquée par les bibliographes dans une
partie des exemplaires, où on lit aux titres courants, *Odicée*,
pour *Odissée* qu'on lit dans d'autres. Il poursuit : « Fénelon
« savoit à merveille que la lettre *i* de l'alphabet françois ne
« représente pas mieux l'*upsilon* de l'alphabet grec, que le *c*
« ne représente le double *sigma ;* et il avoit très-bien corrigé
« *Odyssée*, comme on peut le voir par l'*Errata* des deux ti-
« rages... Puis Fénelon, justement effrayé, ne se mêla plus
« de la publication de son livre ; il avoit même cessé de corres-
« pondre avec son libraire. »

Toute cette narration n'a de fondement que dans l'imagination de Charles Nodier. D'abord, on sait que Barbin n'étoit
point le libraire de l'archevêque de Cambrai ; c'étoit AUBOUIN,
chez lequel avoient été publiés le *Traité du ministère des Pasteurs*, et celui *De l'éducation des Filles*, seuls ouvrages qu'il
eût donnés jusque-là. De plus, le *Télémaque* fut mis au jour
précisément à l'époque où l'*Explication des Maximes des
Saints* venoit d'être condamnée à Rome, et Fénelon étoit alors
dans les peines et les embarras que lui causoient les suites de
cette affaire. A qui donc fera-t-on accroire, qu'il ait choisi cette
circonstance pour jeter dans le public un livre qui devoit

achever de le perdre dans l'esprit de Louis XIV et de ceux qui l'entouroient? On a vu encore, dans les *Recherches*, (n. 3, p. 3) Fénelon déclarer qu'il *n'a jamais voulu donner cet ouvrage au public*, en ajoutant : *Tout le monde sait qu'il ne m'a échappé que par l'infidélité d'un copiste.*

M. de Bausset avoit, en 1808, raconté en détail et avec fidélité les faits qui se rapportent à la composition et à la publication du *Télémaque ;* en même temps il avoit montré combien étoit absurde l'allégation de quelques écrivains, qui prêtoient à Fénelon l'intention d'avoir voulu faire, dans ce livre, une satire de Louis XIV et des personnes de sa cour. Les détails qu'il donne à ce sujet sont d'autant plus authentiques, qu'il les a tirés des manuscrits et des lettres de Fénelon, et des notes de son petit-neveu, pièces qui lui ont servi à composer son *Histoire.* Cette même *Histoire*, accueillie avec une grande faveur dès qu'elle parut, fut réimprimée en 1817, et annoncée dans les journaux, avec toute sorte d'éloges, par les habiles critiques de l'époque. Enfin, les *Recherches sur le Télémaque,* publiées en 1840, furent alors remises en main propre à Ch. Nodier. On aura certainement peine à croire qu'il n'ait rien lu, ni de l'*Histoire*, ni des *Recherches*. Que dire donc de son récit? La supposition la moins défavorable que l'on puisse émettre, c'est qu'ayant employé ses veilles à établir son hypothèse, il a fini par se persuader que c'étoit une réalité; et il lui en eût d'ailleurs trop coûté, pour renoncer à un rêve chéri dont il s'étoit si longtemps bercé.

Au reste, nous aimons à reconnoître que Ch. Nodier a rendu pleine justice à l'archevêque de Cambrai, par rapport aux intentions qu'il a eues en composant le *Télémaque.* « Que Féne- « lon, dit-il, chargé de l'éducation d'un jeune prince destiné « à devenir roi, ait pensé à renfermer tout un système d'ensei- « gnement moral et politique dans le cadre agréable d'un ro- « man, il n'y a rien de plus facile à comprendre. Que Fénelon « ait fait à dessein, de ce roman, la satire rétrospective du rè- « gne d'un vieux roi chargé d'années et de gloire, et dont il « avoit récemment obtenu les marques de la confiance la plus

« signalée, il n'y a rien d'aussi absurde. Mais il est de la na-
« ture de l'homme très-perfectionné, de croire à l'absurde.
« Cette idée impossible fut donc admise, avec empressement,
« par la ville et surtout par la cour. Le *Privilége* donné à Bar-
« bin fut retiré. » On se plaît à voir ici, que Ch. Nodier a eu
pour guide son bon sens, et non son imagination.

On a aussi contesté, en 1844, à l'édition *princeps* de la
première partie du *Télémaque*, en 208 pages, la priorité d'o-
rigine dont elle jouissoit jusque-là parmi les bibliographes.
M. B....n (Bourdillon) fit insérer dans le *Feuilleton* du *Journal
de la Librairie*, du 25 mai de cette année-là, un avis conçu
en ces termes :

Aujourd'hui qu'on recherche, et avec justice, les éditions originales de
nos classiques françois, je pense qu'on lira avec quelque intérêt la note
suivante concernant celle du *Télémaque*.

Elle ne porte point en tête, ainsi qu'on l'a cru jusqu'à présent, ces mots :
Suite de l'Odycée. Voici son véritable titre : *Aventures de Télémaque. A
Paris, chez la veuve de* CLAUDE BARBIN, *sur le second perron de la
Sainte-Chapelle*, 1699, *avec Privilege du Roi*. Petit in-12 de 214 pages.

Voilà pourquoi on retrouve ce titre sur la contrefaçon que s'empressa de
publier, à La Haye, Adrien Moetjens, avec la seule différence qu'on y lit, en
plus, *Suivant ‚la copie de Paris*. Celle-ci n'avoit donc pas sur le sien le
nom de l'*Odycée;* autrement quel motif le libraire hollandois auroit-il eu
pour supprimer une annonce qui ne pouvoit que piquer davantage la curiosité publique ?

De son côté, Fénelon étoit trop modeste pour avoir donné au manuscrit,
sur lequel un de ses secrétaires fit furtivement la copie qui a servi à l'édition, un titre aussi prétentieux.

L'impression de cette édition originale a commencé par le titre, qui fait
partie de la première feuille. Ainsi, il n'a point été tiré après coup, et en
dépit de l'autorité, et a pu annoncer un privilége qu'on ne trouve point, et
qui', sans doute, seroit venu à la fin du volume ou de l'ouvrage, si l'impression n'en eût pas été arrêtée subitement.

Les amateurs peuvent en voir un exemplaire chez M. Henri Labitte, libraire, quai Malaquais, n° 11.   B.....N.

Pour attaquer une tradition reçue sans contestation aucune,
depuis un siècle et demi, il faut, ce semble, montrer, par des

preuves positives, qu'elle n'a point un fondement solide. Or, sur quoi s'appuie M. B. pour contester à l'édition des 208 pages sa possession de priorité? Sur cette simple conjecture : que *Fénelon étoit trop modeste pour avoir donné à son livre un titre aussi prétentieux* que celui de *Suite de l'Odyssée.* Mais avant de formuler sa note, il auroit pu, et même dû, consulter l'autographe et la copie du domestique de Fénelon, qui sont l'un et l'autre à la Bibliothèque royale ; il y auroit vu qu'aucun des deux ne porte de titre, (*Recherches*, n. 9, p. 7,) et qu'on a seulement laissé la place pour en écrire un. Il faut donc attribuer au libraire celui qu'on lit à la tête de l'imprimé. Barbin a mis au faux titre : *Les Avantures de Telemaque, fils d'Ulysse*, et sur le frontispice : *Suite du* ive *livre de l'Odyssée d'Homere, ou les Avantures*, etc. (Voy. p. 9.) Adrien Moetjens n'a fait que réunir sur son frontispice le titre et le faux titre de l'édition de Paris ; car les libraires de Hollande et de Belgique se bornoient alors, comme ils font encore, à copier textuellement les livres imprimés en France ; et Moetjens n'a pas même dépassé le nombre des pages. J'ajoute que si M. B. eût examiné l'édition *princeps*, il n'eût pas affirmé que le *Privilége ne se trouve point*, puisque, comme je l'ai fait remarquer (p. 9), l'*Extrait du Privilege du Roy* est à la suite de l'*Avis du Libraire.* Il suit de là, que l'assertion de M. B. est plus que hasardée, et même qu'elle se tourne en preuve contre lui. Mais, ce qui achève la démonstration, c'est que la vraie édition de Barbin est, pour l'œil du caractère, pour la force et la beauté du papier, et pour l'ensemble du livre, entièrement conforme aux ouvrages que le même libraire a publiés vers ce temps-là. Au contraire, l'édition produite par M. B. a une teinte d'impression beaucoup plus moderne ; et je ne fais aucun doute qu'un bibliographe exercé ne juge, par la simple inspection, qu'elle a été imprimée avant le milieu du dix-huitième siècle, probablement à Lyon ou à Genève.

Page 16, *ligne* 1re ; au lieu des deux lignes qui suivent, mettez :

Une autre, publiée sous le nom de *Bruxelles, chez Fran-*

çois *Foppens*, **M.DC.XCIX**, porte au faux titre : *Les Avantures de Telemaque, fils d'Ulysse. Suite de l'Odyssée d'Homere.* Mais le frontispice ne fait point mention de l'Odyssée;
on y lit seulement : *Nouvelle édition divisée en dix livres.* Le
caractère, le papier et l'agencement typographique indiquent
une édition faite en France, et probablement à Paris. Ajoutez,
qu'il n'y a pas de réclame au bas de chaque page, contre l'u-
sage invariable des imprimeurs flamands et hollandois. Le
nom de Fénelon ne se lit nulle part. L'imprimeur s'est borné
à ce court avis : « Au lecteur. L'ouvrage est présentement
« complet et entier, tel que l'a fait son illustre auteur. » Et il
ajoute : « On a trouvé à propos de diviser cet ouvrage en dix
« livres, pour reposer le lecteur ; et pour plus grande commo-
« dité, on a mis avant chaque livre un sommaire ou argu-
« ment. » L'édition est en deux tomes, dont le premier a 216
pages ; le second se termine à la page 227, par ces mots : *Chez
le fidèle Eumée;* plus correcte en cela, que les éditions de
Hollande et autres, qui portent *Euménie*, ou *Eumenes.* Mais
on retrouve dans le texte toutes les fautes qui proviennent
d'une impression exécutée sur une copie faite à la hâte. La
division en dix livres fut adoptée par Moetjens, dans ses éditions subséquentes, excepté pour le deuxième livre, qui, dans
l'édition que nous décrivons, commence par ces mots : *Aussitôt
que Phebus eut répandu ses premïers rayons ;* au lieu que
Moetjens reprend, deux pages plus haut : *Calypso, qui avoit
été jusqu'à ce moment immobile.* Le libraire de Hollande s'est
pareillement approprié les *Sommaires* de notre éditeur françois ; et il a fait en cela preuve de jugement, car ils sont
écrits correctement, et exposent assez bien la matière de chaque livre.

Page 25, *lignes* 11 *et* 12. A ces mots, *l'in-4° ne présente pas de semblable trace,* substituez :

On n'avoit pas remarqué de semblables traces dans l'édition
in-4°. Mais Crozet, libraire de la Bibliothèque royale, mort en
1841, m'a affirmé qu'il avoit vendu un exemplaire in-4°, dans
equel ces mêmes pièces se trouvoient.

Page 37, *ligne* 5 *de la note; au lieu de* Narbal , lisez : Adoam.

Pages 60, 61. Aux Traductions du Télémaque , ajoutez les suivantes :

En espagnol. Autre par D. Jose de Covarrubias. *Madrid*, 1797, 2 vol. in-4°, fig.—D. Ant. Campany a fait une critique de cette traduction. *Madrid*, 1798, in-4°.

En portugais. Aventuras de Telemaco, por D. Manuel de Souza. *Lisboa*, 1776, 2 vol. in-8°.— Autre édition, 1785, in-8°.

En allemand. Autre traduction. *Nuremberg*, 1806, in-8°, fig. — Autre en françois et en allemand. *Vienne*, 1814, 2 vol. in-8°.

En anglois. Traduction en prose, d'Hawkesworth, revue et corrigée par Gregory. *Londres*, 1795, 2 vol. in-4°, fig.— Autre, par Job Smollett, M. D. *Londres*, 1776, 2 vol. in-12. —Autre, par J. Israeli. *Londres*, 1790, 1 vol. in-4°. — Autre, par J. Robertson, 1795, 2 vol. in-12. — Autre, par Charles Lamb. *Londres*, 1808, 1 vol. in-12.

La plus estimée de ces traductions est celle d'Hawkesworth.

Traductions en vers. — Par Georges Graham , M. A. *Londres*, 1762, 1 vol. in-4°.

Autre, par Mark-Antony Meylan, 1776, 4 vol. in-8°.

Autre, anonyme. *Londres*, 1785, 1 vol. in-8°.

Autre, en vers non rimés , par John Canton, 1788, 1 vol. in-4°.

Autre, par Gibbons Bagnal, vicaire de Howle-Lacy, en Herefordshire, terminée en 1791. Il ne paroît pas qu'elle ait été imprimée.

Autre, en vers non rimés, par J. Youde, M. A. 1793, 3 vol. in-12.

Autre, par lady Burrel (et non Barrel), 1794, 1 vol. in-8°.

En hollandois. Traduction en prose. *Rotterdam*, 1720, 1 vol. in-8°.—*Amsterdam*, 1730, 2 vol. in-8°.

En polonois. Traduction, par J. Stawiarski. *Breslau*, 1810, 2 vol in-8°, fig.

En danois. Traduction en prose. *Copenhague,* 1727, in-8°.

En suédois. Traduction en prose, par Dietr. Granadenflicht. *Stockholm,* 1721, in-4°. — Autre, par Dn. Ehrenadier. *Stockholm,* 1727, 2 vol. in-8°.

En langue de Bohême. Traduction en prose. *Prague,* 1814 et 1815, 2 vol. in-8°.

Page 76, n° 63.

L'écrivain qui prétend *diminuer les torts de Fénelon* dans la composition du *Télémaque,* est l'abbé Aimé Guillon de Montléon, conservateur de la Bibliothèque Mazarine, mort en 1842, âgé de 84 ans. (Voyez son article, dans le *Dictionnaire historique* de Feller, éd. de Besançon, 1848, t. IV, pag. 266.)

Paris. — Typographie de Firmin Didot frères, rue Jacob, 56.